Carène Ponte a conquis plus de 500 000 lectrices et lecteurs grâce à ses histoires empreintes de légèreté et d'humour, même sur des sujets parfois difficiles. Elle a notamment écrit *Un merci de trop* (2016) et *Tu as promis que tu vivrais pour moi* (2017), parus aux éditions Michel Lafon. Chez Fleuve Éditions, elle a publié *La lumière était si parfaite* (2021), *Vous reprendrez bien un peu de magie pour Noël ?* (2021), *Et que quelqu'un vous tende la main* (2022), *Embarquements immédiats pour Noël* (2022), *Prendre la vie comme elle vient* (2023), *Noël en péril à Santa-les-Deux-Sapins* (2023) et *Sur scène* (2024). L'ensemble de ses ouvrages est repris chez Pocket. En 2024, elle inaugure un double projet de comédies de Noël qui se répondent : *Un Noël mi-figue mi-Praline* chez Fleuve Éditions, et *Le Désastreux Noël de la famille Praline* chez PKJ. Son dernier roman, *Recherche Lily désespérément*, paraît chez Fleuve Éditions en 2025. Son écriture moderne est marquée par des personnages universels qui trouvent un écho en chacun de nous et qui ont valu à l'autrice la reconnaissance du public et un succès toujours grandissant.

Retrouvez toute l'actualité de l'autrice sur :
www.careneponte.com

SUR SCÈNE

ÉGALEMENT CHEZ POCKET

Un merci de trop

Tu as promis que tu vivrais pour moi

Avec des Si et des Peut-être

D'ici là, porte-toi bien

Et ton cœur qui bat…

La lumière était si parfaite

Et que quelqu'un vous tende la main

Prendre la vie comme elle vient

Sur scène

Comédies de Noël

Vous faites quoi pour Noël ?

Vous faites quoi pour Noël ?
« On se marie ! »

Vous reprendrez bien un peu de magie pour Noël ?

Embarquements immédiats pour Noël

Noël en péril à Santa-les-Deux-Sapins

CARÈNE PONTE

SUR SCÈNE

Le Code de la propriété intellectuelle n'autorisant, aux termes de l'article L. 122-5, 2° et 3° a), d'une part, que les « copies ou reproductions strictement réservées à l'usage privé du copiste et non destinées à une utilisation collective » et, d'autre part, que les analyses et les courtes citations dans un but d'exemple et d'illustration, « toute représentation ou reproduction intégrale ou partielle faite sans le consentement de l'auteur ou de ses ayants droit ou ayants cause est illicite » (art. L. 122-4).
Cette représentation ou reproduction, par quelque procédé que ce soit, constituerait donc une contrefaçon, sanctionnée par les articles L. 335-2 et suivants du Code de la propriété intellectuelle.

Publié avec l'accord de Librinova
© 2024, Fleuve Éditions, département d'Univers Poche
ISBN : 978-2-266-34706-8
Dépôt légal : avril 2025

À Matthew Perry,
Le 28 octobre 2023, une bande d'amis a perdu
l'un des leurs, et des millions de gens,
dont je fais partie, ont perdu un *Friends*.
L'amour qui existait entre ces six-là débordait
de leurs regards, comme une sorte d'évidence.

Good bye, Chandler.

# PREMIÈRE PARTIE

— 1 —

> *« On sait que le temps c'est comme le vent*
> *De vivre y a que ça d'important. »*
>
> **« Les Rois du Monde »** – *Roméo et Juliette*

GINGER

À chaque âge son lot de mots redoutés. Quand on a cinq ans et qu'on est haut comme trois bouts de cul, le vocabulaire qui fait peur est souvent d'ordre culinaire. Au moindre « épinard », « brocoli » ou encore « poivron », on rentre la tête dans les épaules et on soupire que c'est pas bon, que ça sent mauvais et que ça pique. Rayez la mention inutile. On essaie d'y échapper en traînant des heures et des heures, la fourchette suspendue dans le vide au-dessus de l'assiette, comme bloquée par un bouclier transparent... Le tout en espérant que la menace « si tu ne finis pas ton assiette, je te jure que je te la ressers demain matin au petit-déjeuner » ne sera pas suivie d'effet.

L'adolescent a plutôt des peurs scolaires : « dissertation », « équation », « probabilités » ont distancé les légumes verts que de toute façon avec le temps on a appris – à aimer ? non, il ne faut quand même pas pousser – à donner discrètement au chien sous la table. Cette astuce ne fonctionne bien entendu qu'avec un chien de bonne composition qui mange tout ce qui passe à sa portée sans faire la fine babine. Un labrador autrement dit.

En vieillissant, tout cela ferait presque rire. Comment le mot « dissertation » pourrait-il rivaliser avec « chômage » ou, pire, « licenciement » ? On reprendrait presque un peu de peur des épinards pour la peine.

Et puis viennent les pires. Ceux qu'on redoute autant pour les autres que pour soi. Ceux qui remisent des projets aux oubliettes, ceux qui enlèvent du temps, ceux pour lesquels il n'y a pas de remède.

— C'est une récidive, c'est ça ?

* * *

La première fois que j'ai dû faire face à tous ces mots barbares : « cancer », « chimiothérapie », « tumorectomie », « métastases », c'était il y a un peu plus de deux ans. Je pensais en être débarrassée, il semblerait que le sort en ait décidé autrement.

La première fois, j'avais été anéantie, m'effondrant en larmes sans aucune retenue ni pudeur dans le bureau du médecin qui me suit depuis des années.

La première fois, je me suis vue mourir dans les quelques semaines à venir. Mais rapidement, l'espoir avait fini par tout recouvrir d'une fine couche de sucre rosé. Celui des médecins au départ, et le mien au fur et à mesure. Parce que le diagnostic avait été posé très tôt. Parce que j'étais jeune. Parce que – et c'est tout le paradoxe – en dehors de ça, j'étais en parfaite santé.

Je m'y suis donc accrochée. De toutes mes forces. Je n'ai pas tardé à prendre tous les rendez-vous d'examens nécessaires, moi qui plus d'une fois pourtant me suis retrouvée avec une majoration pour ne pas avoir été fichue de payer mes impôts en temps et en heure. J'ai fait des prises de sang, passé des scanners, des IRM… Un mois à peine après l'annonce, j'étais allongée sur une table, endormie avant même d'avoir compté jusqu'à cinq, pour que l'on retire cette saloperie de masse de mon sein droit.

Je m'étais ensuite prêtée de bonne grâce aux séances de chimiothérapie, essayant de trouver du positif dans tous les effets secondaires. Les perruques ça permet de changer de tête, c'est rigolo. Les vomissements, les maux d'estomac, la perte d'appétit, autant d'éléments qui garantissent le *summer body* vanté par tous les magazines dès le mois d'avril. Et hop, ni vu ni connu.

J'y ai perdu quelques plumes, et mon restaurant au passage, mais j'étais en vie. Les résultats étaient plus qu'encourageants, mon corps réagissait bien au traitement. J'allais m'en sortir, c'était sûr, j'allais m'en sortir… Le mot de rémission n'avait pas été prononcé, cependant on pouvait en sentir les effluves, c'était comme une promesse de dégustation toute proche.

Et puis, il y a quelques mois, alors que je venais de vendre mon affaire – convaincue par la force des choses que mon corps n'était plus capable d'encaisser les journées de quinze heures, le stress, les nuits presque sans sommeil –, que je prenais le temps de réfléchir à ce que j'allais bien pouvoir faire de ma peau d'ex-cancéreuse de quarante-quatre ans, j'ai senti sa présence, sournoise, insidieuse. Quelques essoufflements, oh, presque rien au début, à peine de quoi le remarquer en haut d'un escalier. Un appétit qui se fait la malle, une fatigue qui prend ses aises, une balance un peu trop clémente...

— C'est une récidive, c'est ça ?

Devant moi l'oncologue ne baisse pas les yeux, il ne cherche pas à esquiver. C'est ce qui m'a plu chez lui quand je l'ai rencontré. J'ai toujours détesté les gens au regard fuyant, ceux qui n'assument pas ce qu'ils pensent ni qui ils sont. Ce n'est pas le cas du docteur Ravane. Avant même qu'il ne dise quoi que ce soit, avant même qu'il ne prononce les mots qui font peur, je sais que j'ai raison.

— Les résultats des derniers examens ne sont en effet pas bons. Le taux des marqueurs tumoraux est anormalement élevé... Et... des métastases ont été trouvées sur les os, et le foie.

J'accuse le coup. C'est une chose de le sentir, c'en est une autre de se l'entendre confirmer.

— Quel est le pronostic ?

— Dans les années 1990, la durée de survie médiane était d'environ dix mois, elle est passée à vingt-deux mois au début du XXIe siècle pour atteindre trois ans, voire plus, aujourd'hui. Une bonne proportion de patientes vit plus de cinq ans, et certaines des dizaines d'années.

— Docteur, s'il vous plaît... Vous et moi on s'est promis de ne jamais se mentir.

— Je ne vous mens pas quand je vous dis que la science a fait d'immenses progrès en la matière. Parmi mes confrères, il en est même qui militent pour que le cancer métastatique soit considéré comme une maladie chronique... C'est une réalité scientifique. Maintenant, vaut-elle pronostic, je n'en sais rien, hélas. Je ne peux pas dire que vous ferez partie de celles qui vivent des années avec cette récidive. Ou...

— ... si je vais mourir dans les six mois. Je sais tout ça, que vous n'avez pas de boule de cristal, que vous ne pouvez rien me garantir. Et ce n'est pas ça que je vous demande. Ce que je vous demande c'est... votre sentiment. S'il vous plaît.

— Mon sentiment... Ce n'est pas... bredouille-t-il avant de se tamponner le front avec un mouchoir en papier. Et puis, je pourrais me tromper...

— Le pronostic vous paraît plutôt sombre c'est ça ? le devancé-je. Évidemment. J'aurais dû m'en douter. C'est le premier rendez-vous où vous ne commencez pas par me proposer un café, où vous ne me parlez pas d'*Entrons dans la danse*, votre film préféré avec Ginger Rogers...

— Ce n'est qu'une intuition. C'est tout sauf scientifique. Nous avons des dizaines de solutions thérapeutiques, plusieurs protocoles de soins possibles en cas d'échec... Vous êtes sous le choc et je le comprends. Laissez-vous le temps de la réflexion. Reprenons un rendez-vous et je vous expliquerai les suites à venir et les différentes options.

— Du temps... Et si je n'en avais plus beaucoup ?

— 2 —

*« Comment lui dire, qu'est arrivé le pire,
comment lui dire,
Que la femme qu'il aime est morte et qu'en
partant elle emporte
La moitié de son amour, elle prend le tout
de toujours. »*

« Comment lui dire » – *Roméo et Juliette*

GINGER

Ma mère rêvait d'aller aux États-Unis. Je me souviens qu'elle collectionnait les guides de voyage, un pour chaque État. Pour la Floride, je voyais bien l'intérêt, mais pour le Nebraska, j'avoue que j'étais nettement plus réservée. Elle élaborait des road trips, sélectionnait des hôtels avec soin, notait les choses à faire et à voir, les démarches éventuelles à accomplir. Puis elle rangeait tout ça dans des pochettes plastique, une par État, prêtes à être ressorties le jour où.

C'est pour ça qu'elle m'a appelée Ginger – mon père n'a, paraît-il, même pas essayé de négocier. À défaut de pouvoir y vivre, j'étais son Amérique à elle, comme elle aimait à me le répéter. Nous regardions des documentaires, des films musicaux et ne loupions aucun épisode de ses séries préférées, *Dallas*, *Santa Barbara* et *Côte Ouest*... Elle a pleuré comme une Madeleine lors de la mort de Bobby Ewing, après qu'il eut essayé de sauver Pamela. Je venais d'avoir six ans, c'est l'un de mes tout premiers souvenirs. Je ne comprenais pas grand-chose à ce que je regardais, mais j'étais émerveillée par la taille des maisons, toutes plus gigantesques et luxueuses les unes que les autres. À l'opposé du petit appartement dans lequel nous vivions à trois. Ma chambre était si minuscule que je pouvais à peine faire le tour de mon lit. Ma mère, elle, tentait, sans grande réussite, de copier le fameux brushing *soap opera* arboré par toutes les actrices à grands coups de crêpage et de pschitt de laque pour un rendu cartonné à souhait. Elle a même teint ses cheveux en blond pour parachever sa mauvaise copie de Joan Van Ark.

J'ai des tonnes de souvenirs de nous deux assises dans ce massif canapé en cuir marron, un must de l'époque, acheté sur un coup de folie grâce à une prime de fin d'année.

À la fin de chaque épisode, alors que retentissait le générique, qu'elle ne pouvait s'empêcher de fredonner, elle me répétait, des étoiles plein les yeux, qu'un jour nous irions. Que nous prendrions le tramway à San Francisco, que nous monterions en haut de la statue de la Liberté, que nous frissonnerions au pied des chutes du Niagara, ou que nous nous régalerions d'un jambalaya à La Nouvelle-Orléans... Ce jour n'est hélas jamais venu. Elle est décédée peu avant que je fête mes dix-huit ans.

Pendant quelques mois après ça, j'ai refusé que l'on m'appelle Ginger et exigé qu'on utilise uniquement mon second prénom – Leslie –, moins marqué de son empreinte. Quand la douleur a commencé à s'estomper, je suis redevenue Ginger. Ce prénom, je l'aimais bien au fond. Même s'il ne rentrait pas dans le moule. Même s'il me rappelait sans cesse que je l'avais perdue.

Je n'ai pas pu me résoudre à me séparer de tous ses guides, ni à jeter tous ses projets de vacances. Tout est bien rangé dans des cartons entreposés au fond de mon dressing. Bon nombre d'hôtels qu'elle avait repérés ne doivent plus exister aujourd'hui.

D'où lui venait cette fascination pour les États-Unis, elle qui ne s'était jamais éloignée à plus de cinq cents kilomètres de chez elle ? Mystère. Elle me disait que quelque chose l'y attirait, sans trop savoir quoi. Quelque chose qu'elle idéalisait sans doute. Je ne suis pas allée chercher ce que cela pouvait être. La peur de trahir sa mémoire en ne ressentant rien était trop grande.

Le jour de mes dix-huit ans, j'ai hérité de l'argent d'une assurance vie qu'elle avait souscrite. Mon père m'a appris alors qu'elle l'avait ouverte à ma naissance et qu'elle y déposait scrupuleusement une somme tous les mois, pas toujours la même, mais toujours quelque chose. Comme pour les États-Unis, elle ne savait pas pourquoi. Elle devait sentir que c'était important qu'elle le fasse. Grâce à cette intuition, l'argent n'a plus été un problème pour moi, ce qu'enviaient certains de mes copains d'école de commerce, obligés de travailler pendant les vacances pour se faire un peu d'argent de poche. J'aurais travaillé tous les week-ends si ça m'avait rendu ma mère.

Les gens ne voient que les conséquences et occultent la cause : si l'argent n'est pas un problème pour une fille de dix-neuf ans, c'est forcément qu'un drame a eu lieu. L'assurance vie, au fond, porte bien mal son nom.

Sans doute lui aussi rassuré que je sois financièrement autonome, mon père a mis les voiles quelques mois plus tard. À côté de ses pompes depuis la mort de sa femme, il avait besoin de prendre l'air, m'a-t-il expliqué, avant de prendre un vol sans retour et pour une durée indéterminée. Mon cœur étant déjà en miettes, je me suis contentée de lui souhaiter un bon voyage. Il m'envoie des cartes postales de temps à autre. Parfois, il lui prend même la lubie de m'appeler. Aux dernières nouvelles, il est au Népal, en quête de spiritualité… Il ne sait pas que j'ai eu un cancer, je ne compte pas non plus lui dire que je suis en récidive.

* * *

J'étais plutôt bonne élève, pas parmi les plus passionnées, mais de celles qui ne rechignent pas à la tâche. J'aimais faire ce qu'il y avait à faire. Rien ne me procurait plus de satisfaction que de mettre une coche chaque soir devant les devoirs terminés.

Gamine, je jouais souvent à la directrice. Je m'inventais des tâches à accomplir que je notais sur un carnet, pour le plaisir d'avoir à les organiser ensuite. Mon père m'avait rapporté un long agenda noir de son entreprise, j'y inscrivais des rendez-vous fictifs et je prenais note de ne pas oublier d'en informer mon assistante. Je me souviens même avoir créé tout un listing de clients sur des petites fiches bristol de différentes couleurs.

Je faisais semblant de recevoir des appels et m'agaçais d'être tout le temps ainsi dérangée.

C'est sans doute ce qui m'a conduite en école de commerce après mon bac. Je voulais créer quelque chose, je voulais prendre les décisions, même les plus insignifiantes, comme déterminer la couleur des murs en salle de pause. Je ne voulais pas subir les choix faits par les autres, ou pire, attendre qu'ils soient faits en bouillant de l'intérieur. J'imagine qu'un psy me renverrait à mon enfance, à ma mère fantasmant des voyages aux États-Unis, complétant des pochettes en plastique, mais réservant chaque année quinze jours dans le même camping à Palavas-les-Flots.

Fantasmer, attendre, subir... Autant de mots incompatibles avec ma personnalité, certains de mes collaborateurs diraient « avec mon sale caractère ». Je préfère celui de tempérament.

Pourquoi la restauration ? À vrai dire, il n'y a pas vraiment de vocation, ça doit tenir à peu de choses, peut-être aux séries de mon adolescence, elles aussi américaines. Le *Peach Pit*, le *Max* ou encore le *Central Perk*, autant de lieux de convivialité qui m'ont donné envie d'en pousser la porte, de m'asseoir sur un de leurs bancs en vinyle et de passer commande d'un cheeseburger-frites. Tout le monde avait l'air heureux dans ces endroits : heureux d'y travailler, heureux de venir y manger. Un soir, je me suis endormie en pensant que ça devait être chouette de posséder un restaurant. Je me suis réveillée le matin en me disant que j'allais le faire. Moi qui avais envie de prendre des décisions, j'allais être servie. Quoi de plus grisant qu'un restaurant où l'on peut choisir jusqu'à la forme des petites cuillères ? Assurément, rien.

J'ai profité de mes années d'études, des enseignements et des rencontres pour élaborer mon projet, le modifiant sans cesse au début – de restaurant gastronomique à restaurant de tapas en passant par restaurant de sushis – puis le polissant sur la fin. Ce qui en revanche n'a jamais bougé, c'est le nom. *Chez Ginger*. C'est la première décision que j'ai prise, au réveil ce matin-là dans mon lit, avant de me précipiter pour attraper un calepin et en dessiner le logo.

Au bout du compte, j'ai reproduit le paradoxe de ma mère. Alors qu'elle n'avait jamais voyagé, et moi non plus, j'ai ouvert un restaurant spécialisé dans les cuisines du monde, dont la carte change au gré des envies et des lubies du chef. Je n'allais pas me mettre aux fourneaux, bien consciente de mes limites en la matière – ma seule tentative de réalisation d'une sauce hollandaise s'étant soldée par un magma épais et acide. Faute d'être celle qui mitonne les plats, je me suis consolée en choisissant le cuisinier. L'un des plus difficiles recrutements de ma vie professionnelle. Je me suis trompée deux fois avant de tomber sur Thomas. « Thomas et son sale caractère », devrais-je préciser. « Thomas et son tempérament », rectifierait-il. Nous étions faits pour nous entendre et nous engueuler. C'est un cuisinier de génie, capable de sublimer jusqu'à des épluchures, hélas pourvu d'un énorme défaut : il veut toujours avoir raison. Et comme, par principe, c'est moi qui suis dans le vrai, ça provoque des étincelles.

Chez Ginger, ce restaurant a été toute ma vie pendant près de vingt ans. Du dessin du logo, à la signature de l'acte de vente il y a un peu plus de six mois maintenant. Vingt ans à vivre pour lui, à penser d'abord à lui, à l'aimer sans concession. Chaque détail a été pensé par moi. J'avais encore tellement d'idées, tellement d'envies... Je me suis persuadée que le cancer ne changerait rien. Je serais certes obligée de m'arrêter quelques semaines, peut-être quelques mois pour me soigner, mais je reviendrais avec l'énergie encore plus grande de ceux qui ont combattu et vaincu. J'aurais dû sentir que les choses ne se dérouleraient pas telles que je les avais imaginées. Dès mon premier rendez-vous avec l'oncologue et la tête qu'il a faite lorsque je lui ai dit que je travaillais dans le secteur de la restauration, j'aurais dû le deviner. J'ai choisi de ne pas le faire. J'ai choisi la détermination. J'avais confiance en moi, en ma volonté farouche de surmonter cette épreuve. Certains disent que, lorsqu'on veut, on peut. J'ai longtemps été de ceux-là. Avant de comprendre, avec douleur, que ce n'était pas toujours le cas. Que la tête et le corps sont deux choses distinctes avec chacun leurs pouvoirs, et aussi leurs limites. Ma tête voulait, plus que tout. Mon corps, lui, ne pouvait pas. Le cancer l'avait malmené à un point que je n'avais pas mesuré, jusqu'à celui de non-retour. J'avais combattu et vaincu. Au passage, j'y avais laissé des plumes qui ne repousseraient pas. Quand on veut, on peut... Quelle connerie.

Mon restaurant avait besoin que je sois à 100 %, les meilleurs jours je pouvais lui en offrir cinquante... L'accepter a été encore plus dur que d'apprendre ce foutu diagnostic. Vingt ans de ma vie, vingt ans... J'ai donc pris une toute dernière décision concernant *Chez Ginger* : vendre. Comme ça, comme on arrache un pansement d'un seul coup pour que la douleur dure moins longtemps. Coup de tête, coup de sang... Je préfère coup de cœur.

Je l'ai vendu à ceux qui me paraissaient le plus à même de poursuivre ce que j'avais initié. Mon équipe. Celle que j'ai constituée pierre après pierre avec minutie, réfléchissant aux affinités, aux inimitiés potentielles, afin de créer un groupe solide et uni. Le travail en restauration est physique et exigeant, s'il pâtit d'une mauvaise ambiance, il devient vite insupportable. Je suis fière de tous ceux qui font de *Chez Ginger* le restaurant qu'il est, je suis heureuse de me dire que c'est eux qui vont continuer à le faire grandir, à le faire évoluer. Maigre compensation, mais compensation quand même.

Je me disais que vendre le restaurant n'était pas la fin, qu'il y aurait juste à réinventer, une nouvelle place à trouver dans ma vie pour *Chez Ginger*. Je me disais que je pourrais toujours continuer à aller y manger et à faire sortir Thomas de ses gonds en lui faisant remarquer que sa sauce était trop épicée. Ça me paraissait surmontable.

Il a suffi d'un mot pour que tout devienne flou. Un mot, et quelques métastases.

— 3 —

> *« Aimer et sentir son cœur,*
> *Aimer pour avoir moins peur. »*

« Aimer » – ***Roméo et Juliette***

LOLA

Il est 6 h 30 lorsque j'ouvre les yeux. Sans même l'aide d'un réveil. Cela peut paraître tôt, mais quand on se couche aux alentours de 22 heures, cela revient au final à huit heures trente de sommeil, une durée jugée idéale pour une personne de mon âge. Je n'ai jamais aimé veiller tard. Si ça m'arrive, parce que Ginger m'a embarquée dans l'une de ses épopées par exemple, je ne suis bonne à rien le lendemain. Je perds alors une journée de travail et aussitôt, j'angoisse de ne pas respecter mes délais. Pour éviter ça, je fais en sorte de me coucher tôt et de tenir Ginger et ses velléités de noctambule à distance. Ce qui n'est pas toujours simple vu qu'elle est ma meilleure amie, la seule en réalité.

Même si mon corps proteste pour la forme contre ce réveil un peu trop matinal, ma tête ne lui laisse pas trop d'espace ni de temps pour se lamenter. Les souvenirs de mon père, allongé des journées entières à regarder le plafond m'ont vaccinée à vie des pseudo-vertus du « rester couché ».

Je déroule mentalement l'organisation de ma journée, en commençant par déterminer comment je vais m'habiller. Ginger se moque souvent de moi à ce sujet, puisque ma garde-robe se compose essentiellement de pièces basiques : jogging – noir – legging – noir – ou une longue robe pull – noire… Je reste assise toute la journée, j'aime que mes vêtements soient confortables. Et le noir, ça va avec tout. Je préfère décider de ma tenue alors que je suis dans mon lit, sans trop réfléchir, plutôt que le faire devant mon armoire. Je ne sais pas pourquoi, mais si j'ai les vêtements devant les yeux, je ressens comme l'angoisse d'un vrai choix à faire, et qui engage. Comme si tous avaient envie que je les enfile. Au moins, quand je suis encore couchée, je peux décréter « legging, pull » de manière arbitraire.

Pendant longtemps, je me suis demandé à quoi pouvait ressembler la vie des gens qui n'angoissent pas, je me prenais à rêver que peut-être, un jour, j'en ferais l'expérience. J'ai fini par cesser d'y réfléchir. Parce que je sais très bien que ce ne sera jamais ma réalité. Je vis avec la peur, l'anxiété, les phobies depuis tant d'années que j'hésite parfois à leur dresser un couvert quand je m'installe pour dîner. Certains jours sont plus simples que d'autres. Quand il n'y a pas de perturbation extérieure, quand ma routine bien huilée se déroule sans encombre, ces jours-là, je me sens presque comme quelqu'un de normal.

Une fois la tenue choisie – jogging, tee-shirt pour aujourd'hui –, je passe en revue les textes à traduire que je dois absolument boucler avant la fin de la semaine : un album jeunesse et un roman de science-fiction.

Je repense à ces années où, dans la liste, il y avait surtout des modes d'emploi de lave-vaisselle, aspirateur, machine à café et autre appareil électro-ménager et m'estime heureuse du chemin parcouru et de l'expérience gagnée. Traduire un texte de fiction est bien plus plaisant que traduire une notice quelle qu'elle soit. Le seul avantage ? Si on me lâche dans un magasin d'électroménager, je suis capable d'expliquer le fonctionnement de tous les lave-vaisselle.

Enfin, pour ça, il faudrait que *j'aille* dans ledit magasin. Ce que je ne fais jamais.

J'ai trop peur des vendeurs qui ne peuvent s'empêcher de vous sauter dessus à peine avez-vous mis un pied dans le rayon en vous demandant sur un ton sibyllin : « Je peux vous renseigner ? » Ça m'angoisse tellement que j'oublie instantanément pourquoi je suis là – ma bouilloire a rendu l'âme, il m'en faut une nouvelle –, et je me laisse entraîner vers le rayon des super-robots-qui-font-tout-tout-seuls-vous-allez-voir-c'est-super, moyennant la modique somme de 1 000 euros, et je ne parle que de la version entrée de gamme. J'en ai deux comme ça chez moi, des super-robots-gna-gna-gna... Je n'ai pas encore trouvé le courage de m'en servir. Ils me jaugent, du haut de leur bol en inox, me défiant de les brancher. Ils me foutent carrément la trouille. J'ai même dû dissimuler le dernier sous un torchon pour m'éviter une crise d'angoisse à chaque fois que j'entre dans ma cuisine.

Cela fait un peu plus de dix ans aujourd'hui que je fais de la traduction et que j'en vis. Après des études de lettres, puis d'anglais, il a bien fallu que je me décide pour un travail. Moi, ça ne m'aurait pas dérangée de faire des études toute ma vie. J'ai toujours été très à l'aise avec l'anonymat des bancs de l'université. Je m'asseyais en haut de l'amphithéâtre, bien avant le début du cours, histoire de voir tous les autres étudiants arriver et de ne pas me retrouver parmi eux. Puis j'écoutais le professeur et je prenais des notes. Ça m'allait très bien. Mais au bout de plusieurs années à financer des études dont ils ne voyaient pas le bout, mes parents m'ont annoncé qu'il était temps de m'assumer et de trouver un travail. J'ai réfléchi pendant un moment à ce que j'avais envie de faire, ou plutôt à ce que je *pouvais* faire. Mon seul critère non négociable – travailler seule – réduisait le champ des possibles. Pourquoi faut-il que la capacité à travailler en équipe soit toujours mise sur un piédestal ?

Je ne sais plus comment je suis tombée sur le métier de traducteur. C'était peut-être sur un site Internet, ou dans un reportage à la télévision... En tout cas, je me souviens que la femme qui témoignait racontait ses journées types et je m'étais dit que ça pourrait tout à fait me convenir. J'ai d'abord fait ce que toute personne saine de corps et d'esprit ferait à ma place : je me suis inscrite dans une école de traduction pour me former. Je ne sais pas d'où sortent ces gens qui pensent qu'on peut faire quoi que ce soit sans formation préalable. C'est ce que je préfère dans la vie, apprendre des choses.

Je pourrais me contenter de ça. À ce stade, il n'y a pas de peur, pas d'angoisses, on n'attend rien de vous. Le problème, c'est la mise en pratique de ce que l'on a appris. Parce que alors il faut y arriver, il faut être performant. On vous scrute, on guette le faux pas, l'erreur commise, la virgule placée au mauvais endroit. C'est à ce stade-là que je perds tous mes moyens et que j'en suis au point d'oublier comment je m'appelle. Travailler seule, c'est l'unique solution que j'ai trouvée pour m'en sortir. En plus, je suis une boss épatante. Jamais un mot plus haut que l'autre, jamais une remarque humiliante, toujours à l'écoute de mon bien-être : « Tu ne ferais pas une petite pause-café, Lola ? Tu as l'air fatiguée, fais attention à ne pas trop tirer sur la corde »... Tant que les délais sont respectés – et ils le sont, et sont même anticipés vu que je les réduis systématiquement d'une semaine –, je me passe tout.

* * *

Douchée, habillée et rassasiée, j'ouvre mon ordinateur. Je suis de bonne humeur ce matin. Depuis quelque temps, je m'oblige à évaluer comment je me sens avant de commencer à travailler. Et à le noter dans un carnet. J'ai entendu ça dans un podcast. Ça permet soi-disant d'améliorer l'estime de soi. Si je me sens irritée en début de journée, il faut que j'en tienne compte dans mon organisation et dans le choix des tâches à accomplir. Les jours complexes nécessitent une humeur positive, les autres peuvent s'accommoder d'une nuance plus maussade. J'aime bien écouter des podcasts, j'en consomme sur tout et rien. Il y a quelques jours, je suis restée bloquée sur un épisode relatif au pâté en croûte. Les différentes recettes, les appellations, les confréries… C'était passionnant. Alors même que je n'en mange pas. Et que je n'aime pas ça.

Aujourd'hui est une journée de bonne humeur. J'en profite pour ouvrir le roman de science-fiction que j'ai commencé à traduire il y a trois mois et dont il ne me reste que deux chapitres. Le héros n'est pas ménagé par son auteur, il le soumet à rude épreuve. Et comme la narration est à la première personne, je prends cher avec lui. À chaque pas qu'il fait, à chaque vaisseau qu'il visite, j'ai l'impression que c'est moi qui vais me faire dévorer par une créature horrifique, dont l'auteur a la description en passion. Jamais il n'occulte le nombre de bouches ni le nombre de dents – dents dont il précise le caractère létal avec moult adjectifs. Les notices d'électroménager étaient bien moins effrayantes, mais après réflexion, tout aussi létales par l'ennui qu'elles me procuraient.

Traduire des romans, c'est ce que je préfère dans mon métier. Je peux faire preuve de créativité, sans avoir cette peur de la page blanche. Le texte est là, je n'ai pas à l'inventer, tout le travail a déjà été fait. En fonction de la sonorité, du contexte, je modifie des phrases, les réagence, de telle sorte que le message du romancier délivre sa pleine puissance, même dans une autre langue que la sienne.

J'ai pour habitude de traduire directement dans le fichier. Les mots anglais deviennent français au fur et à mesure, devant mes yeux, et c'est étrange comme le mot *knife* est bien plus sympathique que le mot *couteau*. Avec un *knife*, tu tartines du beurre sur du pain ou de la confiture sur de la brioche. Avec un *couteau*, tu coupes des choses, tu le plantes dans des corps, tu crées des plaies...

Frissons, transpiration, sensation d'une présence derrière moi... Encore plus de frissons...

Est-ce que tu ne ferais pas une petite pause-café, Lola ?

* * *

Dans la vie, tout ou presque me fait peur. Il y a des gens qui passent des heures en thérapie pour trouver l'origine de leurs angoisses. Pour moi, les choses sont bien plus simples et se résument en deux mots : ma mère. Elle m'a élevée dans cette croyance que la vie est un danger permanent et géant. Il ne fallait pas courir, il ne fallait pas sauter, il ne fallait pas s'approcher de l'eau. À tout instant, je pouvais me disloquer, me couper, me brûler, me noyer, m'étouffer... Si elle avait pu m'envelopper dans l'épaisseur d'un mètre de coton et de ouate pour qu'il ne m'arrive rien, elle l'aurait fait. Résultat : aujourd'hui, je suis enveloppée par l'épaisseur d'un mètre de peurs et d'angoisses. Certaines sont tellement fortes que la vue d'un objet en rapport avec elles peut déclencher une crise de panique. Mettre un pied chez Décathlon est inenvisageable pour moi tant je suis terrorisée par les vélos, par exemple.

Je ne lui en veux pas, ou en tout cas, je comprends. Quand on perd un enfant, on acquiert la certitude que la mort est bien réelle. J'avais trois mois lorsque mes parents ont perdu mon frère, qui, lui, avait à peine deux ans. Un accident domestique comme on en dénombre des milliers chaque année. Si mon père ne s'en est jamais vraiment remis et a traîné des années de dépression, la plupart du temps couché à compter des dalles imaginaires au plafond, ma mère s'est donné pour mission de protéger l'enfant qu'il lui restait. Et cette enfant, c'était moi.

Côté protection, elle n'y est pas allée de main morte. Je me souviens de la toute première fois où je suis montée sur un vélo, à l'âge de six ans, ce qui est déjà tardif pour enfourcher ce genre de bolide. Entre le casque, les coudières, les genouillères, les chevillères, le double pantalon et les petites roues, il ne risquait pas de m'arriver grand-chose. Pourtant, ça ne l'a pas empêchée de crier des « Attention ! » toutes les dix secondes. « Attention au trottoir ! », « Attention à la brindille, là, devant toi ! »… Elle criait, criait, alors qu'elle était à ma hauteur…

J'avançais à la vitesse d'un escargot, presque scandalisée que ma propre mère me laisse mettre ainsi ma vie en danger, assise sur cet engin de mort. Je me suis d'ailleurs toujours demandé pourquoi elle avait pris cette initiative. Initiative qui, cela dit, a eu un caractère unique. La nuit qui a suivi, j'ai fait des cauchemars à n'en plus finir, à base de roues qui me poursuivaient dans la rue, et de guidons fous devenus vivants. Je ne suis plus jamais remontée sur un vélo et en croiser un dans la rue suffit à me donner des sueurs froides. Comment peut-on trouver du plaisir à grimper sur un tel monstre d'aluminium ? Marcher, les deux pieds bien ancrés sur le sol, me paraît nettement plus sécurisant.

* * *

... Chaque pas que je fais me rapproche de la chose, de son antre. La puanteur se fait de plus en plus forte, de plus en plus envahissante. Une odeur de mort, de corps en putréfaction, qui me donne envie de vomir. J'ai peur de ce que je vais trouver au bout du chemin, afraid of what I will have to face. Traces of blood. Everywhere. On the floor. On the walls.

La sonnerie de la porte d'entrée retentit. Je sursaute et pousse un cri. C'est elle, c'est sûr. La chose vient me chercher.

* * *

— C'était quoi, ce bruit ? me demande Ginger, une fois installée sur mon canapé.
— Un bruit ? Quel bruit ?
— Quand j'ai sonné... J'ai cru entendre quelqu'un crier.
— Ah oui, ça, c'était... T'inquiète, c'était rien. Un message audio de l'éditeur pour qui je travaille en ce moment. Je lui traduis un roman de science-fiction. Il est un peu sourd, alors il a tendance à parler fort quand il me laisse un vocal. Ça va, toi ? Tu ne m'avais pas dit que tu pensais venir me voir aujourd'hui.

Je transpire et frotte mes mains sur mon jogging. Je sens mon cœur battre de manière désordonnée, au bord de la crise de panique. Je dois respirer, je dois me calmer. Ce n'est que Ginger. Ginger, ma meilleure amie. Ginger qui vient me voir parce qu'elle aime ma compagnie. Ginger, qui ne me veut que du bien...

Pourquoi est-ce qu'elle oublie toujours de prévenir ?

* * *

Ginger et moi nous sommes rencontrées dans un supermarché. C'était à l'époque où personne n'avait encore inventé ce génial système de commander ses courses en ligne et de se garer sur un parking dédié pour les récupérer, l'époque où j'étais donc obligée de déambuler dans les rayons, agressée par la luminosité des néons et la présence de la foule. Ce sont les deux paquets de Weetabix dans le caddie qui m'ont perturbée et ont fait que je suis partie avec celui de Ginger et non le mien. Comment pouvais-je imaginer que quelqu'un d'autre que moi consommait des Weetabix ? Même moi, je ne sais pas pourquoi j'en mange alors que je ne trouve pas que ça a très bon goût... Si j'avais été plus attentive ce jour-là, il est certain que je n'aurais pas fait d'erreur de caddie : en plus des Weetabix, il y avait cinq ou six paquets de bonbons, le péché mignon de Ginger, et deux boîtes de préservatifs.

Je ne mange pas de bonbons. Ça donne des caries et j'ai une telle phobie du dentiste que je préfère ne pas courir le moindre risque de ce côté-là. Pour ce qui est des préservatifs, disons que ça faisait des mois (et des mois) que je n'avais pas eu l'utilité de ces protections en latex. Avec Guillaume, ça n'avait pas duré très longtemps, en tout cas bien moins qu'il n'en aurait fallu pour venir à bout des cinq boîtes achetées sous le coup de l'euphorie et des endorphines du premier baiser.

Je m'étais rendu compte de ma méprise au moment du passage en caisse. J'étais tellement gênée et rouge pivoine que j'avais eu le sentiment de me transformer en torche de honte. J'avais remis les quelques trucs déjà posés sur le tapis dans le caddie, et étais repartie à la vitesse de l'éclair vers l'intérieur du magasin, dans l'espoir de déposer, ni vu, ni connu, le chariot ainsi dérobé, puis de siffloter, tranquille jusqu'à la sortie. Ginger, elle, m'attendait de pied ferme, juchée sur quinze centimètres de talons, à côté d'un chariot nettement moins fun, le mien, composé de plats tout préparés.

— Je suis désolée, j'ai bredouillé, je me suis trompée de caddie. Ce sont les paquets de Weetabix qui m'ont perturbée. Qui mange ce genre de choses, je veux dire, à part moi ?

— Moi. Ma mère m'en achète depuis que je suis toute petite.

— Et vous trouvez ça bon ?

— Pour être honnête... Pas vraiment. Mais j'ai pris l'habitude et désormais ça relève plus du devoir de mémoire que du plaisir gustatif. Comme tous ces trucs qu'on continue de boulotter, alors même qu'au bout du deuxième on a déjà un début de nausée. Enfin, vous voyez ce que je veux dire.

Non, ma peur de vomir et moi, on ne voyait pas.

Elle avait éclaté de rire et pour ne pas lui montrer que j'étais mal à l'aise dans cette situation pourtant banale d'échange social, j'avais ri avec elle. Voilà comment deux boîtes de Weetabix et une erreur de caddie ont mis Ginger, cette femme à l'exact opposé de celle que je suis, sur ma route.

Des personnes comme Ginger, je n'en avais jamais rencontré auparavant. Elles sont rares. Ma mère, qui ne l'apprécie pas beaucoup, me dirait que c'est tant mieux, que Dieu nous préserve d'une telle prolifération.

Ginger appartient à la catégorie des femmes de poigne, des femmes qui aiment prendre des décisions, qui ne se dérobent pas derrière de faux-semblants, des femmes qui assument. Des femmes dont les hommes ont peur, et que les autres femmes jugent et souvent méprisent pour leurs choix de vie. C'est ce que j'admire le plus chez elle, sans doute parce que c'est la qualité dont je suis dépourvue : l'assurance.

Ginger ne tangue jamais, Ginger sait toujours ce qu'il faut dire à qui et quand, et elle le fait. Dans ce supermarché, après ma méprise de caddie, elle m'a invitée à déjeuner. Il allait être 14 heures et je mourais de faim. Mais ce n'est pas la raison pour laquelle j'ai accepté. Si je l'ai suivie, c'est parce que je n'ai pas osé dire non. Je ne l'ai jamais regretté. Ginger débarque sans prévenir, elle me pousse dans mes retranchements... Mais elle est mon amie et c'est ce que je suis pour elle aussi. Je suis sa zone de sécurité, celle dans laquelle il ne peut rien lui arriver. Elle est ce monstre de vie qui me rappelle sans cesse que je ne suis pas encore morte.

Bien que très différentes l'une de l'autre, il y a toujours eu ce sentiment familier entre nous, ce quelque chose qui nous donnait l'impression de nous comprendre. Il ne nous a pas fallu longtemps pour identifier ce qui nous reliait de manière invisible : la perte d'un être cher alors que nous n'avions pas entamé notre vie d'adulte.

* * *

— Tu n'avais pas un rendez-vous avec ton oncologue aujourd'hui ? je demande à mon amie tout en appréciant son look du jour, un jean parfaitement coupé, un chemisier vert amande et un blazer crème.

J'ai toujours admiré sa manière de s'habiller. Sans rechercher quelque chose de particulier, elle réussit à être à la fois chic et décontractée. Je me sens moche dans mon jogging-tee-shirt. J'aurais dû choisir une robe pull.

— Si, j'avais bien rendez-vous, me répond-elle dans un souffle. Les résultats ne sont pas bons. Ils ont trouvé une masse, encore. Et des métastases. Des métastases… C'est une récidive, Lola, une récidive… m'annonce-t-elle en écrasant du revers de la main les larmes qui osent se pointer au bord de ses yeux.

— Merde…

— Comme tu dis, c'est la merde.

— Qu'est-ce qu'ils te proposent ? Une nouvelle chimio ?

Je me souviens combien la dernière l'avait éprouvée. Certains jours, elle ne parvenait même pas à quitter son lit. Elle plaisantait au téléphone en disant qu'elle tentait une nouvelle expérience, celle de la vie sur un lit, mais je savais bien ce qu'elle ressentait. Ginger est une femme faite pour l'action, le mouvement, les décisions. Ce n'est pas quelqu'un qui subit. Quelqu'un comme moi…

— Oui, il a parlé de traitements. Je n'ai pas envie d'y penser tout de suite. Tout ça arrivera beaucoup trop tôt. Ce soir, j'ai envie de penser à autre chose. De faire comme « si on vivait dans un monde où le mot « cancer » n'existait pas. Ça te dit de dîner *Chez Ginger* ? me propose-t-elle. On se fait belles et je passe te prendre vers 20 heures ?

Même si elle a essayé d'être naturelle, j'ai senti son hésitation. Ce restaurant, c'était toute sa vie. Depuis qu'elle l'a vendu, je sais qu'elle a du mal à y mettre les pieds, que ça lui fait beaucoup de peine.

— Va pour une soirée *Chez Ginger* !

J'y ai mis tout l'enthousiasme dont je suis capable. Ginger vient d'apprendre que son cancer récidive, je ne vais pas lui dire que j'aurais préféré qu'elle me prévienne pour sa visite et qu'elle diffère de quelques jours son invitation à dîner. Non, je ne peux pas faire ça. Ce n'est pas comme si elle m'emmenait dans un endroit inconnu, après tout. Moi aussi, je connais tout le monde là-bas. Et eux aussi me connaissent. Ça va bien se passer. Je vais commander un risotto, comme je le fais à chaque fois, peut-être avec un verre de vin. Et si j'ai encore faim, je me laisserai tenter par leurs profiteroles, les meilleures que j'ai jamais mangées. On sera assises à notre table habituelle et on passera un bon moment. Je raconterai à Ginger le roman que je suis en train de traduire, elle me fera rire avec l'une des innombrables anecdotes dont elle a le secret. Oui, ça va bien se passer.

* * *

Quand elle klaxonne à 20 heures, je suis prête depuis quasiment une heure. Je prévois toujours large quand je dois sortir, au cas où… Au cas où, quoi ? Je ne saurais le dire. Ça me rassure de ne pas avoir à me presser, du coup je tourne en rond et je stresse en attendant l'heure du rendez-vous. On ne peut pas tout avoir.

Je porte ma tenue « sortie avec Ginger » : une robe qu'elle m'a convaincue d'acheter lors d'une virée shopping dans laquelle elle m'avait embarquée. Elle est toute simple, agréable à porter et flatteuse pour la silhouette. Parfait donc pour une femme comme moi qui n'aime pas trop son corps d'entre deux. Pas vraiment grosse, mais loin d'être maigre.

J'attrape mon sac à main, vérifie une dernière fois que toutes les lumières sont éteintes dans la maison et les fenêtres bien fermées, puis je sors rejoindre Ginger. Elle m'attend dans sa voiture, sublime, dans une longue robe de satin rouge, et chaussée d'escarpins noirs vernis.

— Je sais ce que tu vas me dire, c'est too much. C'est toi qui as raison évidemment, mais ce soir, j'avais besoin de ça. De porter une robe de déesse qui ne crie pas à qui veut l'entendre que j'ai un foutu cancer.

— Tu es superbe, Kat, je la complimente avant de m'asseoir dans la voiture. Qui a dit que tu n'avais pas le droit de porter une robe à réveiller les morts pour dîner avec ta meilleure amie ? Certainement pas moi. Et si tu veux tout savoir, tout le monde devrait pouvoir enfiler une robe de déesse comme celle-ci pour les soirs de coups de blues.

— Merci, Kit.

Ça me fait toujours sourire quand ressortent ces surnoms nés au cours d'une soirée télé, une de celles où l'angoisse de sortir avait été trop forte, transformant les plans de Ginger. Nous étions toutes les deux affalées sur mon canapé à regarder une émission sans intérêt, à nous gaver de sucreries chocolatées, lorsque nous avions commencé à philosopher sur les barres de KitKat, discussion dont il était ressorti que Ginger avait la classe d'une Kat et que moi, je ressemblais plus à une Kit. Ça nous a valu l'un de nos plus beaux fous rires. C'était mémorable, improbable et encore aujourd'hui, inexplicable. Lola et Ginger. Kit et Kat. C'était resté. Je suis sa Kit, elle est ma Kat, un duo sur lequel personne n'aurait misé et qui pourtant tient dans le temps. Je lui dois de ne pas m'être refermée complètement sur moi-même. Sans elle, ma vie sociale se résumerait à un repas une fois par mois chez mes parents, le premier dimanche du mois, comme ça personne n'est pris de court. On sait quand on se voit. Tu parles d'une vie…

Je me demande bien ce que je lui apporte en retour. Je n'ai jamais osé l'interroger à ce sujet et je n'oserai jamais. Je préfère encore mon insécurité à une vérité qui me ferait du mal. Ginger n'est pas des plus diplomates. Lorsqu'elle a quelque chose à dire, ça peut piquer. Et même très fort.

* * *

Il est 20 h 15 quand nous nous garons sur le parking du restaurant. À voir ses mains crispées sur le volant, je sens Ginger à fleur de peau.

— Tu es sûre que tu veux dîner ici ? Il y a des tas d'autres restaurants… Tiens, j'ai reçu l'autre jour un flyer pour annoncer l'ouverture d'une crêperie. On pourrait y aller pour tester si tu veux.

— Non, c'est ici que j'ai envie de dîner. Je dois réussir à affronter mon appréhension, ça devient ridicule. Ça va faire six mois que l'affaire n'est plus à moi, il est grand temps que je tourne la page, non ?

Et que j'apprenne à profiter de ce lieu incroyable en tant que cliente.

C'est vrai que l'endroit est exceptionnel. D'apparence, il ressemble à l'une de ces grandes propriétés de style colonial que l'on peut admirer en Louisiane. Une maison à colonnades toute blanche, entourée d'une galerie à l'étage, qui se transforme en terrasse aux beaux jours et qui est prise d'assaut par les clients dès leur sortie du bureau.

Quand nous nous sommes rencontrées, le restaurant commençait tout juste à sortir de terre. Ginger, qui avait dessiné les plans, supervisait les moindres détails. Avec une idée très précise de ce qu'elle souhaitait, et n'était prête à aucune concession. Pas même les inévitables déconvenues et retards de chantier n'auraient pu la décourager ou la faire renoncer. Résultat, au bout de dix-huit mois, son restaurant flambant neuf était en ordre de bataille pour accueillir ses premiers clients.

Il lui faut trois bonnes minutes pour ouvrir sa portière et descendre de la voiture. Trois minutes au cours desquelles elle n'a pas prononcé un seul mot, revivant, j'imagine, chaque moment important de cette aventure bien plus que professionnelle.

Quelques marches nous séparent de la porte d'entrée qui, entrouverte, laisse échapper des notes de musique.

— Ginger ! s'exclame Déborah, l'hôtesse d'accueil. Quelle bonne surprise de te voir ! Ça fait si longtemps. Bonsoir, Lola, me salue-t-elle également avant de se tourner de nouveau vers mon amie. Est-ce que Thomas a oublié de me prévenir que tu dînais ici ce soir ?

— Non, il n'a pas oublié de te prévenir. J'ai eu envie de venir, de recharger mes batteries, explique-t-elle en embrassant la salle du regard.

Le sol recouvert d'un parquet en acajou massif fait ressortir la blancheur du mobilier et le style industriel de la décoration.

— Vous avez acheté un piano ? demande-t-elle soudain avec fébrilité, les yeux brillants de larmes.

Je me souviens qu'elle m'avait parlé de ce projet de piano-bar. L'idée était de faire venir une chanteuse et un pianiste, mais aussi de laisser le micro à celles ou ceux qui auraient l'envie et le courage de s'essayer au piano voix. Et puis, Ginger était tombée malade…

— Oui. On s'est dit que ça te ferait plaisir de savoir qu'on était allés au bout de ton idée.

— C'est votre restaurant maintenant, murmure-t-elle, envahie par l'émotion.

— Tu sais très bien qu'ici, ce sera toujours chez toi, lui répond Déborah avant de faire un pas et de prendre Ginger dans ses bras. Ce sont peut-être nos noms qui sont désormais sur les papiers officiels, mais c'est ton restaurant. Tu es et tu resteras l'âme de cet endroit.

— Alors comme ça on vient déguster mes sensationnelles recettes et on ne me prévient pas ? nous interpelle Thomas en sortant de sa cuisine, sans doute informé de notre présence par l'une des serveuses.

— Sensationnelles, sensationnelles… Ne t'emballe pas. Tu oublies ta tendance à abuser des épices, le taquine Ginger, avec un grand sourire.

À son tour, il la prend longuement dans ses bras, avant de me saluer d'un signe de tête.

Une bonne vingtaine de minutes après avoir pris le temps de dire bonsoir à l'ensemble de l'équipe, nous sommes installées à notre table habituelle, par chance disponible, dans un petit renfoncement de la salle, ce qui m'a toujours paru être l'idéal pour une table de restaurant.

Lottie, l'une des serveuses, nous donne à chacune une carte ainsi qu'une flûte de champagne.

— Histoire de bien démarrer la soirée, nous indique-t-elle avec un clin d'œil. Pour la spécialité du jour, le chef vous propose un plat de palourdes farcies et pour le dessert, un cheese-cake. Je vous laisse choisir.

Même si je sais déjà ce que je vais commander, un risotto, j'imite Ginger et j'ouvre la carte. Au fur et à mesure que mes yeux balaient le menu, un sentiment de panique monte. Tout a changé, il n'y a plus rien de ce qui était proposé la dernière fois, et donc pas de risotto par la force des choses. Je tente de me calmer et de me raisonner : je suis capable de commander un plat sur cette carte. Mais lequel ? Il y a tellement de choix... Le sandwich po'boy aux crevettes frites ? Ça doit être délicieux, ou alors un jambalaya de saucisses cajuns... Ou peut-être une soupe, une soupe de palourdes ? Est-ce que j'ai assez faim pour un jambalaya ou un sandwich po'boy ? Et si je fais le mauvais choix et que je le regrette ? C'est dans ce genre de situation que je ressens que je suis socialement inadaptée. Qui angoisse de choisir un plat au restaurant, au point d'avoir envie de se précipiter vers la sortie ?

— On a de la chance, Thomas vient de refaire toute la carte, me dit Ginger.

Comme si je n'avais pas remarqué... Tu parles d'un cauchemar, oui.

— Difficile de choisir, hein ? poursuit-elle en me regardant droit dans les yeux. On devrait laisser Thomas nous surprendre, qu'en dis-tu ?

Elle me connaît si bien. Elle a vu à quel point je me sentais mal, bien sûr qu'elle l'a vu. Et elle sait que si elle me le fait remarquer je vais me sentir tellement nulle qu'il y a de fortes chances que je me mette à pleurer. Elle prend donc les choses en main.

— Ça, c'est une bonne idée, laissons Thomas nous faire la surprise.

Voilà qui pourrait m'angoisser encore plus. Étrangement, non. Je connais la cuisine de Thomas et je ne suis pas difficile.

— Vous avez fait votre choix ? nous interroge Lottie, quelques minutes plus tard.

— Oui, tout à fait. Tu peux dire au chef qu'il a carte blanche. Qu'il nous régale de ce qui lui plaira, lance Ginger en rendant les cartes à la serveuse. Ce soir, j'ai envie de me laisser porter, ajoute-t-elle comme pour se justifier.

— Merci, Kat, murmuré-je tandis que Lottie s'éloigne.

— De rien, Kit.

* * *

Thomas a donc décidé de nous en mettre plein la vue ce soir et de nous faire goûter presque tout ce qui est à la carte, sous forme de bouchées. Les plats se succèdent et nous nous régalons de crevettes frites, de soupe, de maïs grillé, de poulet mariné. Tout est succulent. Je mords dans un crab cake lorsque j'aperçois le pianiste et la chanteuse prendre place autour du piano. Il pose quelques accords, se dégourdit un peu les doigts, puis lance le premier morceau. Je reconnais les premières notes de *Message personnel*, chantée par Françoise Hardy, une chanson que j'aime beaucoup. La chanteuse a une jolie voix ronde et pleine de chaleur. Je suis sous le charme. En face de moi, entre deux bouchées, j'entends Ginger chantonner.

— Donc après toutes ces années d'amitié, je découvre ce soir quelque chose à propos de ma meilleure amie ! Je ne savais pas que tu avais une si jolie voix. Une très jolie voix même.

Ginger rougit, ce qui est à signaler tant c'est rare.

— J'adorais chanter quand j'étais ado. C'était un truc que je partageais... avec ma mère. Elle avait une passion pour les comédies musicales, ça faisait partie de son rêve américain. Elle en connaissait des dizaines par cœur. Je fredonnais les mélodies, et petit à petit j'ai fini par les connaître par cœur moi aussi et par les chanter. D'abord assise sur le canapé, puis face à la télévision, avec les gestes et les mimiques. Ma mère m'encourageait, tapait des mains et, au bout du compte, ne regardait même plus l'écran.

Un instant, le regard de Ginger se perd dans ses souvenirs et je m'en veux. Je sais que c'est douloureux pour elle. Elle aimait infiniment sa mère.

— Tu devrais aller chanter quelque chose ! proposé-je soudain pour la faire revenir au présent.

Si elle me connaît bien, je ne suis pas en reste. Je sais que le passé, la nostalgie, ce n'est pas son truc. Ginger est une femme qui regarde loin devant, quitte à paraître un peu dure. C'est sa défense et je la comprends.

— Moi ? Chanter ? s'esclaffe-t-elle, de retour avec moi.

— Mais oui ! Tu as fredonné tout du long de la chanson, et puis, c'est un peu le concept, non ? Piano voix et micro ouvert. J'ajouterai que tu portes la robe idéale pour éblouir tout le monde.

— Jamais je n'oserais…

— C'est toi, Ginger Ternet, la femme qui a poursuivi un banquier jusque chez lui et menacé de dormir sur sa pelouse toute la nuit s'il ne lui accordait pas le prêt dont elle avait besoin, qui as peur d'aller chanter ? Tu dois confondre avec moi. Pardon, mais la Ginger que je connais n'a peur de rien et est capable de tout.

Elle rit. Et pour la première fois depuis plusieurs heures, depuis qu'elle a frappé à ma porte, j'ai l'impression que la barre sur son front s'atténue, que le cancer et tout ce qu'il implique cèdent la place à du plus joyeux. Ses yeux brillent, son corps tout entier vibre d'énergie.

— Tu as raison, Lola. Je vais aller chanter.

Pour se donner du courage, elle vide d'un trait ce qu'il reste de vin blanc dans son verre, puis elle se lève, lisse le bas de sa robe, et, d'un pas décidé, se dirige vers le pianiste qui, heureux hasard, plaque les derniers accords du morceau qu'il était en train de jouer. Elle dit quelques mots à la chanteuse que je ne peux entendre de là où je suis. À son sourire je devine qu'elle est enchantée de la proposition.

Ginger se positionne derrière le micro puis fait un signe de la tête au pianiste. Je ne reconnais pas immédiatement le morceau, mais Ginger n'a qu'à ouvrir la bouche et chanter les deux premières phrases :

— *When the rain is blowing in your face, and the whole world is on your case, I could offer you a warm embrace, to make you feel my love...*

... Et mes yeux aussitôt s'embuent. Combien de fois ai-je regardé cet épisode de *Glee* dans lequel Lea Michele interprète cette chanson de Bob Dylan pour honorer la mémoire de Cory Monteith, son partenaire à l'écran comme à la ville ? Des dizaines et des dizaines de fois. J'ignorais que Ginger connaissait ce morceau.

Sa voix, douce et veloutée, m'enveloppe et me transporte loin de ce restaurant, par-delà les océans. Lorsque la chanson se termine, j'applaudis à tout rompre, les joues baignées de larmes. Je ne suis pas la seule à être émue et enthousiaste. D'autres clients manifestent leur plaisir d'avoir pu assister à cette prestation. Ginger, elle, salue, comme le ferait une star, et revient s'asseoir à notre table.

— Alors, comment j'étais ? me demande-t-elle, excitée comme une gamine.

— Tu étais... Tu étais... Je n'ai même pas les mots tellement tu étais ! Je ne savais pas que toi aussi tu étais une fan de *Glee* ?

— *Glee* ? C'est une chanson de Bob Dylan, le chanteur préféré de ma mère. En 1997, il a sorti un album qu'elle écoutait en boucle. Elle adorait tellement cette chanson que j'avais fini par la connaître par cœur. C'était un an avant qu'elle parte... C'est quoi, ton histoire de *Glee* ?

— Je ne suis pas calée en Bob Dylan, en revanche je suis incollable sur ma série préférée qui s'appelle

Glee, dans laquelle cette chanson est reprise lors d'un épisode hyper émouvant. J'ai une idée ! Et si on la regardait toutes les deux ? J'ai l'intégrale en DVD à la maison. On pourrait se programmer ça chaque lundi soir. C'est bien, le lundi soir. Il n'y a jamais rien à la télé. T'en dis quoi ?

Elle n'en dit rien. Parce qu'à nouveau elle n'est plus avec moi, mais sans doute dans ce petit appartement qu'elle m'a décrit une fois, sur le canapé en cuir marron qui lui semblait immense, assise à côté de sa mère.

— 4 —

> *« Dieu que le monde est injuste*
> *Lui si beau et moi si laid*
> *Je te donnerais la lune*
> *Tu ne voudrais pas m'aimer. »*

« Dieu que le monde est injuste » – *Notre-Dame de Paris*

GINGER

Je ne m'attendais pas du tout à ce que la soirée se termine comme ça. Pas du tout. Je ne suis pas de celles qui accordent de la place à la nostalgie. Le passé, les souvenirs, autant de choses révolues sur lesquelles on ne peut plus agir. Je regarde devant parce que la page est vierge, dans l'attente de ce que je déciderai d'y écrire. Une bonne ou une mauvaise décision, peu importe, mais rien de définitif.

Il aura fallu une chanson, une simple chanson qui a plus de vingt ans et que sans doute personne ne connaît ou presque pour que je me retrouve assise devant ces grands cartons exhumés des placards de mon dressing.

Ils contiennent... je ne sais même plus ce qu'ils contiennent. J'ai fourré là-dedans des tas de choses il y a des années, une vie presque, sans réfléchir, anesthésiée par une douleur indicible, et je les ai refermés. Ils ont déménagé, ont connu un grenier, un garde-meuble et un placard. Rien n'indique ce qu'ils renferment, hormis ce simple mot griffonné au marqueur noir dans le coin droit : « Maman ».

Je ne suis pas de celles qui accordent de la place au passé parce que mon passé à moi inclut la mort de ma mère, alors que je n'étais même pas encore adulte. Et personne n'a envie de vivre avec ce passé-là, personne. Encore moins lorsque la mort en question, on se la donne.

Il m'a fallu du temps pour voir, pour admettre que ma mère ne ressemblait pas aux autres mères, qu'elle traînait parfois des sacs de tristesse si lourds qu'ils menaçaient de défoncer le plancher à chacun de ses pas. Il m'a fallu du temps pour comprendre que les séries américaines qu'elle regardait avec passion étaient pour elle une échappatoire. Quand elle était à Santa Barbara, elle oubliait tout, jusqu'au fait que ce n'était pas la réalité. Elle me racontait parfois qu'elle était allée déjeuner avec Kelly et Eden Capwell, mais que c'était un secret entre elle et moi. Papa se fâcherait s'il l'apprenait, il ne les aimait pas trop...

Il y a vingt ans, on ne parlait pas de ces maladies-là, celles qui ne sont pas causées par des virus et qui ne guérissent pas en quinze jours avec une dose d'antibiotiques matin, midi et soir. Maman avait besoin de repos, et je ne devais pas faire trop bruit parce qu'elle dormait dans sa chambre. Maman était ailleurs, perdue dans ses pensées, parfois pendant des heures. Maman pleurait recroquevillée sur le canapé, mais je ne devais pas m'inquiéter, ça irait mieux demain.

Jusqu'à ce que ça devienne trop dur et qu'elle décide d'y mettre un terme. J'ai vécu des années avec cette conviction que c'était à cause de moi, que je n'étais peut-être pas assez gentille, pas assez sage. Que peut-être j'aurais dû lui dire plus souvent que je l'aimais. Que je n'étais pas assez bien pour qu'elle reste.

Il m'a fallu du temps pour accepter que tout ça n'avait rien à voir avec moi, rien à voir avec être assez bien ou non. Que c'était entre elle et la maladie, que le jour où elle avait commis ce geste irréparable, elle était partie bien trop loin, par-delà les frontières d'une réalité dans laquelle elle avait une fille de dix-sept ans.

À l'intérieur du premier carton, il y a tout son rêve américain. Un mot utilisé à bon escient pour quelque chose qui ne devait pas se réaliser. Le savait-elle ? Je l'ignore. Je devais avoir quinze ans quand j'ai enfin compris. Je lui en ai beaucoup voulu. Parce que pour moi, le rêve avait la saveur d'une promesse, d'un « pas tout de suite, mais un jour c'est sûr ». Je suis tombée de haut. Renoncer à un rêve dont on n'était pas à l'origine génère de la rancœur, beaucoup de rancœur. Je l'ai regardée continuer à acheter des guides, des blocs-notes, des pochettes… Je l'ai laissée me raconter ses bobards. Quelques semaines après sa mort, mon père m'a confirmé que nous n'avions même pas de passeports.

J'ouvre la pochette estampillée « Ouest américain ». Los Angeles, Las Vegas, Grand Canyon, Monument Valley, Lake Powell, Bryce Canyon, Death Valley,

Mammoth Lakes, Yosemite, San Francisco… Le tout sur quinze jours millimétrés, avec les distances en kilomètres entre chaque destination, des photos découpées des lieux à voir, des noms d'hôtels, de restaurants… Des pochettes comme celles-ci, il y en a une dizaine, toutes conçues de la même manière. La dernière concerne les parcs nationaux. Sur une feuille, elle a listé, de sa belle écriture appliquée et régulière, les 61 parcs gérés par le National Park Service. 15 sont entourés, sans doute ceux qui devaient être recommandés par un guide. Elle avait vu dans un reportage à la télévision qu'on pouvait se faire tamponner une sorte de carnet pour chaque parc visité. Ça lui mettait des étoiles dans les yeux. Pour chacun des parcs, elle avait griffonné des annotations. Parc national de Redwood : ours noir, baleine, prendre une photo devant un séquoia géant. Parc national des Everglades : flamants roses, alligators, lamantins, tour en bateau (prévoir des casques pour le bruit ?). Parc national d'Acadia : plages rocheuses, montagne Cadillac…

Le second carton contient, lui, quasi exclusivement des photos. Elle en prenait des centaines. Elle avait ce besoin maladif, que je n'ai compris qu'avec tout le reste, de fixer un moment heureux pour l'empêcher de disparaître. Gamine, j'en avais plus qu'assez de devoir poser partout et nulle part et de devoir sourire. « Ça nous fera un souvenir, me disait-elle. C'est important, les souvenirs, Ginger. » J'ai toujours pensé qu'un souvenir devait avoir quelque chose de vivant, une odeur, une saveur, une émotion… Loin d'une image figée sur papier glacé.

Je pioche des clichés au hasard. Ils ne sont pas classés. Il y a de tout. Des fleurs, des paysages, une assiette de crêpes, une paire de chaussures neuves, un escargot qui traîne une feuille derrière lui. De tout, mais surtout des photos de moi. Devant une porte, une grille, sur un banc, sur le sable, dans l'herbe, derrière un arbre, sur un vélo, dans mon lit, allongée sur une serviette, contre un mur, à table en train de manger une soupe, sur une balançoire, dans une baignoire, en maillot de bain, accroupie caressant un chat, avec une montagne de pommes rouges dans les bras. Des tas de photos de moi souriante, grimaçante, boudeuse, en colère...

Des photos qui disent tout l'amour qu'elle me portait, des photos qui demandent pardon d'être partie. Il n'y en a presque aucune d'elle et moi. Elle n'aimait jamais celles que prenait mon père et les déchirait quasi systématiquement. Elle fermait les yeux, se trouvait trop ceci ou pas assez cela... Parce que les souvenirs, c'était important, il n'était pas question de garder quelque chose de moche. J'en trouve malgré tout une, rescapée de son jugement sans concession, ou plutôt, comme je le devine à la mention figurant au dos, « mes deux femmes », préservée par mon père de sa vaine quête de perfection. Nous sommes toutes les deux assises sur notre canapé. Mes jambes ne touchent pas encore le sol. Je dois avoir six ou sept ans. Elle sourit à côté de moi, le regard perdu dans ce monde connu d'elle seule. J'hésite au moment de reposer la photo dans le carton puis décide de la garder. Elle représente bien mon enfance, l'enfance heureuse d'une gamine qui ignore tout des maux qui rongent sa mère.

Le dernier carton, plus petit, contient un caméscope désormais hors d'âge et des dizaines de petites cassettes dans leur boîtier transparent. Un jour, les souvenirs fixes sur photo se sont animés sur vidéo. C'était un cadeau de mon père pour son anniversaire. Parce qu'elle répétait sans cesse que, quand même, une caméra, ce serait nettement plus pratique pour les États-Unis que de se trimballer avec des dizaines de pellicules photo. Et qu'ils en faisaient maintenant des toutes petites. Des étiquettes rectangulaires blanches sont collées sur la tranche des cassettes, avec, pour chacune, la date de début et la date de fin. Sauf une, qui porte un sobre « Casting Ginger ».

* * *

Je déteste la chimie. Je déteste tout ce qui tourne autour de la chimie. Et je déteste M. Grickel, mon professeur de chimie. De toute façon, à quoi est-ce que ça me servira dans la vie de connaître la formule du volume molaire d'un gaz parfait ? À rien ! Ça ne me servira à rien !

— Comment s'est passée ta journée au lycée, ma puce ? me demande ma mère alors que je viens d'abandonner mon sac de cours dans l'entrée et de me précipiter vers le frigo et le meilleur réconfort qui existe, la glace à la noix de pécan.

— Grickel a décidé de nous pourrir la vie en nous collant une interro-surprise. Déjà quand je révise pendant des heures, je ne comprends que la moitié des exercices à faire, mais alors là, prise au dépourvu… Je hais la chimie ! La chimie, ça devrait être interdit par la loi. À choisir, je préférais encore la flûte et les grands moments d'humiliation qui allaient avec. Mais la chimie, pouahhhh, soupiré-je en me laissant tomber sur le canapé, mon pot de glace dans les mains. Et toi, maman ? J'espère que ta journée relève le niveau de la mienne !

— Moi, je suis allée chercher le livre que j'avais commandé sur Las Vegas. Est-ce que tu savais que l'hôtel Mirage comptait 3 044 chambres avec dans chacune des vitres teintées à l'or ? La chambre est à 200 dollars la nuit, donc on ne pourra sans doute pas se le permettre, mais si l'on fait bien attention sur le reste des dépenses peut-être qu'une nuit ce sera possible quand même ? J'en parlerai à ton père ce soir. Tu imagines ? Nous trois à Las Vegas ! Et tu sais, cette fois, ça va se faire, ma puce, ça va se faire. Il ne me reste que quelques détails à peaufiner et ensuite, avec ton père, on réserve les billets.

Peut-être qu'elle dit vrai ? Peut-être qu'on va vraiment aller à Las Vegas ? J'ai l'impression que c'est différent, cette fois. Il y a comme une exaltation dans sa voix, une sorte d'urgence. En tout cas, je suis heureuse de l'avoir retrouvée. Ces dernières semaines, elle était ailleurs. Ça n'avait jamais duré aussi longtemps et ça commençait à m'inquiéter.

— Et puis, l'année prochaine tu auras dix-huit ans, peut-être qu'alors tu ne voudras plus partir avec nous. On ne fera pas le poids avec les vacances en camping entre copines. Oh, tu sais ce qu'on devrait faire pour que tu oublies ton interro de chimie ? On devrait mettre *Funny Girl*. Ça fait longtemps qu'on ne l'a pas regardée toutes les deux.

Je dirais qu'on l'a visionnée il y a six mois à peine, mais c'est vrai que c'est la première fois qu'on reste si longtemps éloignées des aventures de Fanny Brice. C'est ma comédie musicale préférée, alors…

— Je vais chercher la cassette et toi tu prépares les pop-corns ! je lui réponds avec enthousiasme.

J'aime quand nous sommes assises l'une contre l'autre sur le canapé à regarder un film que l'on a déjà vu mille fois et à jouer au jeu de celle qui connaît le mieux les répliques. L'une de nous lance un « Réplique » et l'autre doit prononcer la phrase suivante du film à voix haute, sans erreur. Celle qui se trompe récolte un gage, qui consiste en général à se lever pour recharger le saladier de sucreries. Ça n'arrive pas souvent, encore moins sur *Funny Girl*.

— Est-ce que tu crois qu'elle sait qu'interpréter le rôle de Fanny Brice va la propulser au rang de star du cinéma ? Je me demande si l'on ressent quelque chose de particulier quand un moment qui va compter se produit dans notre vie.

— Je ne sais pas, ma puce… C'est vrai qu'elle est extraordinaire dans ce film. Et cette voix…

Nous connaissons les chansons par cœur, mais depuis un moment, maman préfère me laisser les chanter seule. Il faut dire que j'y mets tout mon cœur, comme si j'étais là-bas, à Broadway.

— *Don't tell me not to live just sit and putter, Life's candy and the sun's a ball of butter, don't bring around a cloud to rain on my parade…*

Je suis debout, je tourne autour de la table basse, je suis habitée par la chanson que j'adore, je vibre, je suis Fanny Brice, puis je saute sur la table basse.

— *Get ready for me, love cause I'm a comer, I simply gotta march my heart's a drummer. Nobody, no, nobody is gonna rain on my parade !*

Je tiens la note aussi longtemps qu'il le faut, les bras grands ouverts, le cœur sur ce bateau qui remonte l'Hudson à New York. Ma mère m'applaudit. Je salue mon audience puis je reprends ma place sur le canapé.

— Il n'y a rien que j'aimerais plus au monde que de chanter cette chanson sur scène à Broadway. Marcher sur les mêmes planches qui ont vu défiler des centaines de stars depuis des décennies, ça doit être tellement… puissant, tellement incroyable.

Je frissonne. C'est toujours l'effet que me procurent *Funny Girl* et la voix de Barbra Streisand. Malgré tous les visionnages.

— On devrait t'enregistrer et envoyer une vidéo à un producteur.

— Quoi ? je manque m'étouffer avec un pop-corn.

— C'est ce que font toutes les chanteuses avant de devenir des superstars, elles envoient des vidéos, elles participent à des castings. Pour être repérées ou pour obtenir des rôles. C'est ce qu'on devrait faire. T'enregistrer et envoyer la vidéo à un producteur de Broadway. Tu chantes divinement bien, ma puce, tu es peut-être la prochaine Barbra Streisand. Si ça se trouve je suis assise à côté d'une future star de comédie musicale.

Elle frissonne à son tour. Je ris.

* * *

Quelques jours plus tard, elle m'avait convaincue de le faire… « Casting Ginger » : je caresse du doigt ces mots écrits de sa main sur l'étiquette. Je n'ai jamais regardé ce que nous avions enregistré. La cassette n'a jamais quitté notre appartement. C'était notre dernier moment de joie partagé toutes les deux. Parce que ensuite, il y avait eu cette profonde mélancolie, venue d'on ne savait où. Cette tristesse abyssale, ce regard de plus en plus lointain. Jusqu'à ce qu'elle décide d'en finir.

Je n'avais pas ressenti d'émotion particulière en regardant *Funny Girl* ce jour-là avec elle, pas plus que d'habitude en tout cas. La vie n'avait fait tinter aucune clochette pour signaler que le moment était important et qu'il ne se reproduirait plus.

Je dois visionner cette bande. Soudain, l'urgence s'impose à moi. Je me lève d'un bond, et claudique jusqu'à mon bureau, les jambes engourdies d'être restées trop longtemps dans la même position. Je dois avoir un câble vidéo dans un tiroir quelque part, un câble qui me permettra de relier le caméscope à un ordinateur et de passer l'enregistrement. Je le sais parce que quelques mois plus tôt, au restaurant, c'est comme ça qu'on a fait pour projeter une vidéo d'enfance de Thomas pour son anniversaire.

Je fouille dans un tiroir, puis dans un autre. Il y a un de ces bazars, des années que je me dis que je devrais faire un peu de tri. Comme ça ne va pas assez vite, je sors le dernier tiroir de son logement et le renverse sur le sol, jonché à présent de stylos, d'enveloppes déchirées contenant des courriers à traiter, de piles, d'appareils électroniques abandonnés là dans l'attente d'une mise en vente – ou plutôt d'une mise au rebut, car qui voudrait acheter un iPod nano première génération ? – et autres objets sans intérêt. Après quelques minutes de recherches fébriles, je mets la main sur le câble que je cherchais.

* * *

Assise sur mon lit, l'ordinateur posé devant moi, je n'ai plus qu'à cliquer sur cette fenêtre noire et la vidéo se lancera. J'essaie de me préparer à ce que je vais voir. Plus de vingt ans après, mes souvenirs de cette scène sont vagues. Tremblante, je clique sur cette petite flèche synonyme de retour dans le passé. Je suis face à elle, assise sur un tabouret, habillée de cette salopette en jean que j'adorais, un bandeau dans les cheveux. Mais ce n'est pas ce qui me vrille instantanément le cœur.

... Bonjour, vous vous appelez Ginger, parlez-nous un peu de vous...

Sa voix. J'en avais presque oublié la mélodie. L'émotion est violente. Trop violente. Je clique sur « Arrêt », l'écran se fige sur l'image de cette adolescente encore insouciante qui ignore que, quelques semaines, quelques mois plus tard, celle qui filme ne sera plus là. Les genoux remontés contre ma poitrine, je tente de contenir la douleur qui monte pour éviter qu'elle n'emporte tout sur son passage. Je ne contiens rien du tout. Alors je ferme les yeux et je me laisse submerger. Les séquences sont saccadées et s'enchaînent sans grande cohérence les unes avec les autres. Ma mère dans la cuisine, en train de nous préparer sa spécialité, des macaronis and cheese, nous deux dans une piscine, gloussant parce que l'eau est froide, ma mère et mon père, dansant un rock lors d'un bal, elle assoupie dans le canapé, en position fœtale...

Je sais qu'il ne sert à rien de se poser des questions pour lesquelles il n'y a pas de réponse, mais là tout de suite, je suis incapable de faire autrement. Pourquoi, maman ? Pourquoi ? J'étais là, papa était là. Nous aurions pu t'aider. Je t'aimais, si fort. Est-ce que tu le savais, au moins ? Est-ce que j'aurais dû te le dire plus souvent ? Est-ce que tu as pensé à moi... au moment où ? Est-ce que tu as pensé à ce que j'allais ressentir ? Pourquoi est-ce que tu n'as pas essayé ? Pourquoi as-tu renoncé ?

J'ai mal, si mal. Je repense aux jours qui ont suivi. À cet état de sidération dans lequel j'étais. À la douleur de mon père... Il a fallu que je m'occupe de tout, de l'administratif, des obsèques, et de lui. Je me revois le prenant par la main, l'aidant à se déshabiller pour se doucher. En revanche, il n'y avait personne pour s'occuper de moi. Personne pour me consoler. La mort a déjà un effet repoussoir, c'est mille fois pire lorsqu'elle n'est pas de cause naturelle. On ne sait jamais, au cas où le suicide serait contagieux... Par chance, à l'époque en tout cas je l'ai pris comme tel, l'année scolaire se terminait. J'étais en dernière année de lycée, le mois de septembre ouvrirait une page blanche, ailleurs. Je resterais la fille qui n'a plus de mère, mais personne ne saurait pourquoi. J'avais donc mis un mouchoir sur tout ça et j'avais regardé droit devant. Aujourd'hui, avec le recul, je me dis que j'aurais dû en parler avec quelqu'un, que l'on ne construit rien de solide quand le socle est aussi friable. La preuve, je n'ai jamais su garder un homme plus de quelques mois. Rattrapée à chaque fois par cette peur de l'abandon, je préfère partir avant d'être quittée, comme si la fin était inéluctable. Même l'amour que me portait ma mère n'avait pas été suffisant pour la faire rester auprès de moi. Alors comment celui d'un homme pourrait-il l'être...

Il me faut une demi-heure pour me calmer, pour revenir à l'instant présent, à ma chambre, à cette vidéo toujours figée sur la Ginger que j'étais. Je pourrais refermer l'ordinateur, ranger le caméscope avec sa cassette, mais quelque chose me dit que je dois la visionner, que c'est important. Alors, je prends une grande inspiration et, pour la seconde fois, clique sur « Play ».

Je m'appelle Ginger, j'ai dix-sept ans, je suis encore au lycée, mais mon rêve, c'est de chanter à Broadway. Parce que c'est là que ça se passe. Parce que c'est là qu'on vibre pour la musique. Je veux fouler les planches du St. James Theatre et ressentir l'énergie de toutes celles qui l'ont fait avant moi. Je veux m'enivrer des applaudissements du public. Je suis prête à travailler dur, à m'entraîner pendant des heures et des heures, s'il le faut...

Montre-leur comment tu chantes, murmure ma mère comme si le micro du caméscope ne pouvait pas l'entendre.

J'acquiesce et je commence à interpréter une chanson de *Yentl*, cette comédie musicale que ni ma mère ni moi ne parvenions à regarder sans y laisser un paquet de mouchoirs chacune.

... Papa, please forgive me, try to understand me...

L'adolescente à l'écran chante comme si sa vie en dépendait, comme si rien d'autre ne comptait. Chacun de ses mots, chacun de ses gestes sont incarnés.
Mes lèvres forment les paroles en silence. J'ai la chair de poule. Comment ai-je pu oublier...
La chanson se termine. La jeune fille ouvre les yeux, un immense sourire éclaire son visage, son regard reflète toute la fierté de sa mère.

Ils vont t'adorer. Tu es faite pour ça, ma Ginger, tu es faite pour devenir une star. Tu vas voir, cette vidéo va tout changer, j'en suis certaine. Je vais aller me renseigner et trouver les adresses des différents producteurs de Broadway. Il faudrait qu'on fasse des photos aussi. Des photos en noir et blanc comme celle d'Audrey Hepburn. Oh, et il te faut des cours de cla-quettes, tout le monde...

Je stoppe la vidéo. J'en ai vu et entendu assez. À l'époque déjà, j'étais mal à l'aise avec ses emballe-ments et son enthousiasme qui lui faisaient perdre pied. C'est pour ça que j'ai tout enfermé dans des cartons. Trop destructeur, trop associé à elle.
Terrassée par une fatigue aussi soudaine que violente, je pousse mon ordinateur et m'allonge sur mon lit. Je ne prends même pas la peine de me mettre en pyjama. J'ai besoin de dormir. Demain, tout ira mieux. Demain,

cette journée ne sera plus qu'un mauvais souvenir et je ferai ce qu'il faut, comme je l'ai toujours fait.

... Je m'appelle Ginger, j'ai dix-sept ans, je suis encore au lycée, mais mon rêve, c'est de chanter à Broadway...

— 5 —

> *« J'ai la tête qui éclate, venez pas me secourir, venez plutôt m'abattre, pour m'empêcher de souffrir. »*
>
> **« Le monde est stone »** – ***Starmania***

LOLA

Il y a quelques années, je suis tombée par hasard sur le film *Pour un garçon* dans lequel le héros découpait ses journées en unité de temps. Si le reste de l'intrigue, ni même l'acteur d'ailleurs, ne m'a pas laissé de souvenirs impérissables[1], en revanche, cette histoire d'unités de temps est restée, elle. Ce concept avait quelque chose de structurant. Et tout ce qui structure rassure, c'est bien connu.

Les unités de temps, c'était pas mal, mais ça ne me permettait pas d'inclure tous les paramètres, et notamment celui de l'anxiété. En y réfléchissant, je me suis

---

1. Haaaaaaan, *shame on you !* Hugh Grant !

dit qu'il était peut-être possible de transposer l'idée, et de transformer les unités de temps en unités d'anxiété. Au final, c'est sans doute l'outil qui m'aide le plus aujourd'hui à gérer mes angoisses. Et je n'en suis pas peu fière.

Le concept est tout simple : chaque situation quotidienne est associée à un niveau d'angoisse. Répondre au téléphone est quelque chose que je peux assez facilement faire maintenant, grâce à l'affichage du numéro et/ou de l'identité de l'appelant. Le niveau d'angoisse est assez faible, je lui ai donc associé le chiffre 1, pour 1 unité d'angoisse. À l'opposé, me rendre chez le dentiste est une situation nettement moins bien gérée, avec un niveau de stress élevé, et une équivalence de 10 unités d'angoisse.

Dans un carnet, j'ai listé toutes les choses qui m'angoissent ou me stressent – il y en a des pages et des pages et rien que de les écrire m'a valu une belle crise de panique – et je leur ai attribué une valeur en unités. Choisir ses vêtements face à l'armoire : 1 unité d'angoisse. Faire du shopping : 2 unités d'angoisse. Sortir de la cabine d'essayage pour se regarder dans le miroir – et devant tout le monde : 4 unités d'angoisse. Choisir un plat sur la carte d'un restaurant : 2 unités d'angoisse. Prendre l'avion : 10 unités d'angoisse...

Il a fallu ensuite que je détermine un nombre d'unités acceptable pour une journée, sachant qu'un nombre nul impliquait de rester au lit sans rien faire, ce qui bien sûr n'est pas dans l'ordre du possible. L'expérience des journées difficiles aidant, j'ai fixé un seuil à 15 unités d'angoisse. 15 unités, c'est ce que je peux encaisser par jour, avant que ma journée ne devienne invivable.

Ce système m'aide à m'organiser, à planifier ce que je dois faire en fonction des unités d'angoisse que ces actions représentent. J'évite de cumuler rendez-vous chez le dentiste, essayage de vêtements en boutique et sortie au restaurant le soir avec Ginger. D'autant plus si j'ai eu à répondre à quatre appels le matin. Comme je ne peux pas tout prévoir (gestion de l'imprévu : 50 unités d'angoisse), il arrive que je dépense plus d'unités que ce que j'ai en stock. C'est alors un peu comme avec la théorie des petites cuillères, ça ne se remplit pas le lendemain comme par magie. L'énergie supplémentaire bouffée sur une journée trop chargée en unités d'angoisse ne revient que progressivement. Je suis donc hyper vigilante. Ce cahier, démarré il y a bien cinq ans maintenant, m'est devenu indispensable. Et je me prends au jeu d'évaluer chaque situation, même la plus innocente et sans intérêt, afin de voir si elle doit se voir attribuer des unités d'angoisse ou non. Ginger dit que je devrais breveter cet outil, que je pourrais appeler l'Échelle Lola, et le vendre à prix d'or. Je pensais qu'elle se fichait de moi la première fois qu'elle en a parlé, mais en réalité elle était tout à fait sérieuse. Pour une raison que j'ignore, elle qui pourtant n'a peur de rien ou presque, ne se moque jamais de mon anxiété permanente. À sa manière, elle essaie même de m'aider, comme lorsqu'elle débarque chez moi sans prévenir. Elle le fait en pensant qu'à force, ça atténuera l'angoisse de l'imprévu. Et quelque part, ça fonctionne un peu. Si la voir débarquer génère un pic d'adrénaline, des picotements et des rougeurs dans le cou, ça ne dure pas plus de quelques minutes, désormais.

Depuis notre dîner, je ne cesse de penser à cette mauvaise nouvelle que lui a apprise l'oncologue. J'ai dû revoir un peu à la baisse mes activités journalières pour intégrer cette donnée. S'inquiéter pour Ginger : 3 unités d'angoisse. Même si elle faisait en sorte de ne rien montrer, je sais que ça a été dur la première fois, que les traitements la mettaient à terre et qu'elle avait des difficultés à supporter cette diminution physique. Ginger n'est pas de celles qui se reposent, ni qui s'écoutent.

Ce matin, je lui ai envoyé un petit texto pour lui dire que je pensais à elle. Elle a rendez-vous avec son oncologue pour définir la marche à suivre. Je n'ai pas pu m'empêcher de faire quelques recherches sur Internet, et le programme des réjouissances risque d'être pour le moins éprouvant. J'ai décidé de lui faire une surprise et de débarquer à mon tour à l'improviste chez elle, pour l'emmener au bord de la mer. C'est l'un des points que nous avons en commun : le plaisir de marcher pieds nus dans l'eau. Je n'ai eu qu'à annuler tout ce qui était prévu ce jour-là afin de libérer des unités d'angoisse pour le trajet. Si conduire en général ne m'a jamais posé de difficultés (ce serait tellement plus simple si c'était rationnel), en revanche, rouler sur l'autoroute et traverser des ponts, c'est une autre histoire. J'ai découvert il y a peu que ça portait un nom : l'amaxophobie. On donne des noms à tout maintenant, et côté phobies c'est même un sport national. C'est ainsi qu'il existe des ouranophobes qui ont peur du ciel, de la terre et du temps qui passe, et même des phobophobes qui ont peur d'avoir peur.

Quand une journée est difficile, je me rassure en me disant que ça pourrait donc être pire pour moi.

* * *

GINGER

Si l'incrédulité avait un visage, ce serait celui de mon oncologue en cet instant.

— Je ne suis pas certain de vous avoir comprise…

— Vous savez ce qu'on dit ? Quand une histoire est terminée, il n'est jamais bon de la redémarrer. Un ex doit rester un ex.

Je ris. Lui, non.

— Vous m'avez très bien comprise, je reprends plus sérieusement. J'ai bien réfléchi et je ne veux pas recommencer tout ce bazar : les chimios, les vomissements, les douleurs… Non, je ne veux pas.

— Mais, si l'on ne vous traite pas…

C'est le cancer par récidive qui l'emportera par K-O ? Soit. Personne n'est en mesure de me garantir qu'un traitement changera la donne, pas même vous. Je ne suis pas suicidaire, je tiens à la vie, figurez-vous. Mais revivre ce calvaire pour peut-être y rester quand même… Non. Je refuse. Ne vous inquiétez pas, je vous signerai tous les documents que vous voulez. Vous pourrez dire que vous m'avez bien informée et je confirmerai que j'ai bien compris ce que vous m'avez dit. S'il faut passer, je ne sais pas moi, un test prouvant que je suis saine d'esprit, je le ferai.

— Il ne s'agit pas d'administratif ni de juridique, il s'agit de votre vie, madame Ternet. Je crois… Je pense que vous faites une erreur.

— Si c'est le cas, ce sera mon erreur. Et rien que pour ça, il n'y aura rien à regretter.

— Sans traitement, le cancer va progresser, et vite, les métastases vont se diffuser, la douleur…

— Je ne dis pas que ça va être facile… Je suis même pleinement consciente que ça ne le sera pas. Mais pour l'instant, je suis en vie et je me sens forte. J'ai… des choses à accomplir. Et je ne pourrai pas les faire enchaînée à un lit d'hôpital. Je ne vous demande pas de me comprendre, je vous demande de respecter ma décision. Elle est ferme et définitive.

Dans son regard, je sens tout le combat entre le professionnel et l'homme. Entre l'empathie et la science. Je devine ses doutes aussi et sa peur de ne pas avoir su dire les bons mots.

— Vous n'y êtes pour rien, il n'y a rien, hormis une certitude de guérison à 100 %, que vous auriez pu avancer pour me faire changer d'avis. Et cette certitude, vous ne l'avez pas, je me trompe ?

— Non, mais… Non, je ne l'ai pas en effet.

Il attrape son bloc d'ordonnances devant lui.

— Je vais vous prescrire plusieurs antalgiques, et d'autres choses que vous pourrez prendre en fonction de l'évolution… Prenez-les, insiste-t-il, il ne sert à rien d'ajouter de la douleur à…

Il n'achève pas sa phrase, termine d'écrire et arrache la feuille avant de me la tendre.

— Merci.

— Si jamais vous changez d'avis…

— Ça n'arrivera pas, je le coupe plus sèchement que je ne l'aurais voulu. Ça n'arrivera pas, mais si jamais, je sais où vous joindre, je reprends avec un peu plus de diplomatie.

Je sors de son bureau libérée d'un poids, ce qui, j'en suis bien consciente est paradoxal quand on est en train de se faire grignoter par un cancer. Pourtant, c'est comme ça que je me sens, libérée. Et pressée. Le temps ne m'attendra pas.

* * *

LOLA

Et si elle prenait mal ma venue intempestive ? Et si elle avait envie d'être seule ? Maintenant que je suis garée devant chez Ginger, j'ai toutes les peines du monde à sortir de ma voiture pour sonner à sa porte. Je pourrais repartir et lui passer un coup de téléphone, sauf que ce serait vraiment nul d'avoir consommé des unités d'angoisse pour au final ne pas atteindre l'objectif fixé, et ce, à moins de cinq mètres du buffet. En plus, je sais qu'elle est chez elle : sa Mini est garée dans l'allée. Je rassemble donc mon courage et m'extrais de la voiture avant de m'en éloigner rapidement, histoire de diminuer la tentation de faire demi-tour. L'Univers choisit parfois de s'aligner puisque la porte s'ouvre au moment même où je m'apprêtais à sonner.

— Lola ? me demande Ginger comme si elle avait un doute sur mon identité. C'est bien toi devant ma porte à des dizaines de kilomètres de chez toi ?

Elle n'ajoute rien. Je sais qu'elle sait. Combien cela m'a coûté de venir jusqu'à chez elle.

— Surprise, lancé-je, la voix chevrotante. Tu m'as dit que ton rendez-vous chez l'oncologue, c'était ce matin. Alors j'ai pensé que tu aurais besoin de compagnie après la présentation du protocole de récidive qu'il a dû te faire.

— Donc c'est pour ça que tu as emprunté l'autoroute et traversé deux ponts ? Pour venir me voir et me remonter le moral ?

— C'est pour ça et une bonne glace à l'italienne vanille-fraise, ajouté-je. Ça te dit une virée au bord de la mer ? Juste pour marcher un peu dans l'eau et redonner à cette journée un statut de bonne journée...

Ginger a cette chance d'habiter à une cinquantaine de minutes d'une magnifique plage de sable fin qui s'étire sur une dizaine de kilomètres. Elle se dépêche de jeter quelques bricoles indispensables dans son sac à main, crème solaire et lunettes de soleil entre autres, ainsi que ses clés.

— Tu ne m'en veux pas de débarquer à l'improviste ? je cherche à me rassurer après qu'elle s'est assise dans ma voiture. Tu sais que je ne me vexerais pas si jamais tu avais d'autres plans ou si tu avais envie de voir d'autres amis.

— Ne dis pas de bêtises, tu sais très bien que jamais je ne t'en voudrais de passer me voir. Je suis heureuse que tu aies pris cette initiative. Marcher dans l'eau me fera sûrement le plus grand bien.

Rassérénée, je démarre et nous filons, dans la limite des vitesses autorisées bien entendu, vers l'un des lieux préférés de Ginger, où elle m'a embarquée des dizaines de fois.

— Que t'a dit le médecin alors ? Tu vas de nouveau avoir besoin de séances de chimiothérapie ?

La tête tournée contre la vitre, les yeux rivés sur le paysage qui défile, Ginger ne me répond pas. En tout cas, pas à la question que je viens de lui poser.

— Tu sais la chanson que j'ai chantée l'autre soir ? Ma mère l'adorait. Elle la chantait tout le temps, notamment pendant qu'elle cuisinait. Jamais je n'aurais cru me souvenir aussi bien des paroles après toutes ces années.

— Ce n'est pas souvent que tu me parles d'elle…

— Regarder dans le rétroviseur, ce n'est pas trop mon truc. Mais ce soir-là, après notre dîner, j'ai ressenti comme un besoin… J'ai donc sorti mes cartons de souvenirs, sagement planqués dans le fond de mon armoire. Il y avait des photos, et surtout, tout ce qu'elle avait accumulé avec le temps pour notre fameux voyage aux États-Unis. Il y avait son caméscope, celui que mon père lui avait offert pour son anniversaire, avec plein de petites cassettes. J'en ai visionné une. On m'y voit chanter un extrait de *Funny Girl*, la comédie musicale avec Barbra Streisand.

— J'ignorais que tu avais une passion pour le chant. Tu ne m'en avais jamais parlé, il me semble ?

— Non, c'est vrai. C'est parce que, sans doute, je l'avais moi-même oublié. Parce que c'était trop lié à elle. Tout m'est revenu d'un coup.

Elle reste silencieuse pendant de longues minutes. Concentrée sur la route, je n'ose tourner la tête vers elle pour m'assurer que tout va bien.

— Mon rêve, c'était de monter sur scène à Broadway et de chanter. C'est ce que je raconte sur l'enregistrement. *Je m'appelle Ginger, j'ai dix-sept ans, je suis encore au lycée, mais mon rêve, c'est de chanter à Broadway...* À l'époque, je me disais qu'elle m'accompagnerait, que je la verrais au premier rang applaudir à s'en faire des bleus sur les mains. Et puis elle a décidé de nous laisser...

— Il n'est peut-être pas trop tard pour que tu le réalises, ce rêve ? Quand tu seras guérie et que tu auras repris du poil de la bête, rien ne t'interdit de t'envoler vers New York, et de tenter ta chance. Je suis certaine qu'une carrière de chanteuse peut se démarrer après quarante ans. Qu'est-ce qui pourrait bien l'empêcher ?

Je sens le regard de Ginger fixé sur moi. Je tourne très rapidement la tête vers elle, avant de reposer mes yeux sur la route.

— Qu'est-ce qu'il y a ? J'ai dit une bêtise ? Pourquoi est-ce que tu me regardes comme ça ?

— Tu devrais t'arrêter. Tiens, regarde là, il y a une aire de repos.

Gagnée par l'inquiétude, j'obtempère et me gare sur un emplacement désert.

— Ce matin, j'ai dit à l'oncologue que je refusais de me faire à nouveau soigner, Kit, m'annonce mon amie à peine le moteur coupé. Je ne veux pas revivre le calvaire de la première fois. À quoi bon ? Puisqu'il n'y a aucune certitude. Je mourrai peut-être quand même emportée par ce foutu cancer, allez on va dire, quatre mois plus tard...

— Ce sera toujours quatre mois de plus... hasardé-je.

— À quel prix ? Celui de vomir mes tripes et mes boyaux pendant des jours et des jours après la séance de chimio ? Celui d'avoir ces fameuses douleurs fantômes que personne ne sait expliquer et donc soulager par la même occasion ? Je préfère avoir moins de temps, mais que celui-ci soit de qualité. J'ai bien réfléchi. Pas de traitement. Pas une deuxième fois.

— Mais Ginger, tu...

— ... vas mourir ? Oui. Personne ne peut dire dans combien de temps. Oui, sans traitement, de ça au moins, on en est sûr. C'est pour cette raison que j'ai pris une grande décision. Je vais partir pour New York et tenter de réaliser mon rêve d'adolescente. Si j'essaie de combattre une nouvelle fois cette saloperie, je n'en aurai peut-être jamais l'opportunité, alors... Elle... elle, ne l'a pas eue, cette opportunité. Si tu voyais tous ses carnets, toutes ses notes... Pour quel résultat ? Elle s'est suicidée. Je refuse de courir le risque de passer à côté de la fin de ma vie.

— Tu vas donc renoncer à te faire soigner pour réaliser un rêve dont tu avais oublié l'existence jusqu'à avant-hier soir ? Dis-moi que tu n'es pas sérieuse, Ginger ?

Mon ton est cassant, je sens la colère monter en moi.

— Je me doutais que tu réagirais comme ça...

— Pardon, mais tout le monde réagirait comme moi. Parce que c'est une réaction normale ! Je suis désolée de te dire que pour une fois, c'est toi qui es à côté de la plaque, pas moi. Tu as peur c'est tout, et ça je le comprends, la peur, je bouffe avec elle matin, midi et soir, tu penses si je la connais bien. C'est terrifiant ce qui t'arrive, mais tu vas te battre et tu vas gagner.

Broadway, les chansons, tout ça, c'est du n'importe quoi. Ce qui compte, là, c'est de ne pas perdre de temps et de commencer les traitements.

— Tu es voyante ? Tu lis dans le marc de café, les entrailles de grenouille ou que sais-je encore ?
— Non...
— Alors tu ne peux pas dire que je vais gagner. Si l'oncologue ne le peut pas, pardon, mais tu ne le peux pas non plus, et encore moins que lui. Et, sans certitude, je refuse d'hypothéquer du temps. La première fois, j'y ai laissé mon restaurant. Alors cette fois-ci... Tu peux penser que c'est n'importe quoi... Et peut-être que ça l'est. Or je n'ai rien d'autre en stock pour tenir debout que de m'accrocher à un rêve d'enfant, même s'il était enfoui, et de me mettre en action pour le réaliser. Si tu dois passer les heures qui viennent à me dire que j'ai perdu la tête, tu peux faire demi-tour et me ramener chez moi.

Déterminée, elle me défie du regard. Je... Non, sur ce coup-là, je ne la comprends pas. Je redémarre, quitte l'aire de repos. J'actionne mon clignotant pour indiquer aux automobilistes que je vais traverser la chaussée, pour reprendre la route en sens inverse.

Ginger, les traits crispés, les yeux embués, ne dit pas un mot. Elle est en colère contre moi, comme je le suis contre elle.

— Ce qui est le plus triste dans tout ça, c'est que je m'étais imaginé que tu pourrais venir avec moi...
— Pardon ? Venir avec toi où ça ? À New York ?
— Oui, à New York. Après tout, tu peux travailler de n'importe quel endroit du globe tant que tu as un

ordinateur et une connexion Internet. Alors, je m'étais imaginé...

Elle essuie une larme du revers de la main. Je me concentre sur ma conduite. New York... C'est comme si elle ne me connaissait pas. Même si j'étais d'accord avec sa décision, New York... Comment peut-elle... Jamais je ne pourrais, jamais. C'est... Enfin, c'est New York ! Si elle était vraiment mon amie, elle ne me demanderait pas ça, non, non, non, elle ne me demanderait pas ça.

Mes mains sont moites. J'ai envie de vomir. J'ai besoin d'air. Il faudrait que j'ouvre la fenêtre, mais si je lâche le volant ne serait-ce que d'une main, tout va se mettre à tourner et je vais m'évanouir. New York... Jamais, jamais, impossible.

Ginger, elle, a fermé les yeux et s'est assoupie.

* * *

De retour après l'avoir déposée chez elle, sans un mot, je fais les cent pas dans mon salon. Ginger. Le cancer. Pas de traitement. Elle va mourir. Je vais la perdre. Pourquoi faut-il que ça lui arrive à elle ? Elle ne peut pas me faire ça, elle ne peut pas. Elle va mourir si elle ne se traite pas, elle va mourir. Je dois faire quelque chose. Je dois la convaincre. Elle ne peut pas prendre cette décision. Non, elle ne peut pas...

J'ai mal partout, comme si je venais d'être passée à tabac. Et j'ai des difficultés à respirer. Beaucoup de difficultés à respirer. La panique monte. J'essaie de me calmer, mais rien n'y fait. J'ai si mal. De l'air, il me faut de l'air. Je suis en train de faire une crise cardiaque, c'est sûr. La fenêtre, il faut que j'ouvre la fenêtre. Je n'y arrive pas, elle est trop loin. Et j'ai trop mal.

Mes jambes se dérobent, je m'écroule sur le sol. J'ai la tête qui tourne. Je vais vomir. Au secours. Il faut que quelqu'un m'aide…

Je ferme les yeux. Inspirer, expirer. Penser à un endroit agréable, un endroit dans lequel on se sent bien, en sécurité. Inspirer lentement, expirer lentement. Mon lit. C'est l'endroit dans lequel je me sens le plus en sécurité au monde. Il ne peut rien m'arriver de mal lorsque je suis dans mon lit. Inspirer, expirer. Je me glisse sous les draps propres, pose ma tête sur l'oreiller. Inspirer, expirer. L'étau sur ma poitrine relâche petit à petit son emprise. Je n'ouvre pas les yeux, j'essaie de faire le vide, de me concentrer sur l'odeur de frais des draps, sur la douceur de l'oreiller, la chaleur de la couette… Je remplis mes poumons, je compte « 5, 4, 3, 2, 1 » puis j'expulse l'air emmagasiné.

La panique s'éloigne. Peu à peu je reprends possession de mon corps. Mes jambes, mon bassin, mon buste, mes épaules… La douleur s'amenuise. Mes muscles se décontractent. Je respire mieux.

Cela faisait longtemps que je n'avais pas eu à gérer une crise d'angoisse de cette intensité. Comme je connais ça par cœur, d'habitude, je repère les signes et mets en place tout un rituel d'évitement. Là, je me suis laissé cueillir par surprise. Vidée, je me résigne à endurer la phase qui va suivre et qui s'annonce déjà au bord de mes paupières : j'ai nommé la crise de larmes.

Les joues barbouillées, le nez qui coule, toujours effondrée sur le sol de mon salon, je sanglote. Je sais qu'il n'y a rien à faire, qu'il faut juste que ça sorte.

D'ici dix minutes, les larmes se seront taries et je pourrai envisager de penser à tout ça plus sereinement. Mais en attendant...

Un bip m'annonce l'arrivée d'un message sur mon téléphone. C'est Ginger.

> Je suis vraiment désolée de t'avoir annoncé les choses comme je l'ai fait. Tu es ma meilleure amie et je ne voulais pas te mentir. Je sais que tu ne comprends pas ma décision. Je voudrais juste que tu puisses l'accepter. Je veux choisir comment vivre les peut-être dernières semaines qu'il me reste. Et... J'étais sérieuse quand je t'ai dit que j'avais espéré que tu pourrais venir à New York avec moi. Je peux – et je vais – le faire sans toi. Mais ce serait bien plus facile avec toi. S'il te plaît, Kit, dis-moi que tu vas y réfléchir.

New York...
Comment... Jamais je ne pourrais. Jamais.

— 6 —

> *« Dieu, regarde-nous, Dieu, écoute-nous*
> *Comment peux-tu nous voir souffrir et rester*
> *là-haut sans rien dire ? »*
>
> « **Être noir** » – ***Autant en emporte le vent***

LOLA

Je n'ai pas répondu à son message. Elle ne m'en a pas envoyé d'autre. Je l'ai relu des dizaines de fois jusqu'à le connaître par cœur. Elle va partir pour New York. Elle va partir et je ne la reverrai peut-être plus.

Ça m'a coûté des unités d'angoisse, mais je n'ai pas pu m'empêcher d'aller écumer tout ce qu'Internet compte de pages et de sites sur le cancer du sein, à la recherche d'une certitude, celle dont Ginger a besoin. J'y ai trouvé de l'espoir, des témoignages de femmes qui ont survécu à leur récidive, des possibilités de traitements… Mais aucune certitude. Rien qui lui garantisse qu'au bout du calvaire médical, il y aura une guérison définitive. Des taux de survie à un an, à cinq ans, mais pas de 100 %. J'ai tout enregistré dans un dossier, ça, et ce qui pourrait la soulager. New York c'est une lubie, c'est le contrecoup de l'annonce de la récidive, ce n'est pas sérieux. Ça ne peut pas être sérieux. Elle a ses amis ici, des tas de gens qui l'aiment. Et elle m'a, moi.

Quand mon téléphone sonne, interrompant le cours de mes pensées, mon cœur fait un bond dans ma poitrine. Ginger. Elle m'appelle pour me dire qu'elle a réfléchi et que finalement elle va tenter le taux de survie. Bien sûr ce n'est pas l'idéal, mais c'est tout de même mieux que rien.

— Allô, ma chérie, c'est maman.

Nous sommes le premier lundi du mois, ma mère m'appelle toujours le premier lundi du mois. Elle n'en rate jamais un.

— Est-ce que tu as reçu le mail que je t'ai envoyé avec l'article sur les cambriolages ? Il y en a eu plus de 200 000 l'année dernière, c'est un vrai fléau. Et toi qui vis seule, tu es une proie facile. Il faut que tu fasses installer un système d'alarme et de télésurveillance. Avec ton père, c'est ce qu'on vient de faire. C'est vrai que ça coûte un petit peu cher, mais c'est le prix de la sécurité. L'installation n'est pas très longue, ils mettent des détecteurs aux endroits vulnérables comme la porte d'entrée, les fenêtres... Est-ce que tu veux que je demande à notre installateur de t'envoyer un devis ? Je pense vraiment que tu devrais le faire. Avec ton père on n'est pas tranquilles. Toute seule dans ta maison... Tu pourrais aussi prendre un chien. Bon, un chien, ça peut te mordre aussi. On sous-estime ce risque, or il n'est pas nul. Un chien reste un animal, par définition imprévisible. Lola ? Tu es là, ma chérie, tu m'écoutes ?

— Oui, maman, je suis là.

— Comme tu ne disais rien, je pensais que nous avions été coupées. Nous avons sans cesse des désagréments sur notre ligne. Je passe mon temps à le leur signaler. Imagine que tu essaies de nous joindre ou que nous ayons besoin d'appeler les secours ? On doit pouvoir compter sur une ligne téléphonique. Alors, que penses-tu faire ?

— Qu'est-ce que je pense faire à quel sujet, maman ?

— Eh bien, au sujet des cambriolages ! Tu devrais installer une alarme. Je serai plus tranquille si je te sais en sécurité.

« Je ne sors pas de chez moi, il n'y a pas plus en sécurité que moi ! » ai-je soudain envie de hurler. J'ai mis un tapis antidérapant dans ma salle de bains pour éviter de glisser quand je sors de la douche, chaque pièce de la maison est équipée d'un détecteur de fumée et je ne mange plus de cacahuètes depuis que ma mère m'a convaincue qu'elles représentaient un risque non négligeable de mort par étouffement. Même si ce risque concerne en principe les enfants de moins de quatre ans…

— Je vais y réfléchir, maman.

— Pour quoi ? Tout ce qui peut te protéger d'un danger doit être entrepris sans attendre.

— Je n'ai pas la tête à ça en ce moment, c'est tout.

— Tu travailles trop. Tout ce temps que tu passes devant ton ordinateur, ça n'est pas bon. Est-ce qu'au moins tu penses à mettre les lunettes que je t'ai offertes avec les verres qui protègent de la lumière bleue ?

— Oui, maman. Je pense à mettre mes lunettes. Tu me le rappelles chaque fois qu'on se parle, soupiré-je sans réussir à dissimuler mon agacement.

— La fatigue ne t'empêche pas d'être agréable, Lola.

Pour la première fois de ma vie, j'ai une envie furieuse de lui raccrocher au nez. Ça ne servirait à rien. Elle rappellerait. Et je finirais par décrocher. Alors, au lieu de ça, je m'excuse.

— Pardon d'avoir été un peu sèche. C'est juste que… C'est Ginger. Elle avait un rendez-vous avec son oncologue et son cancer a récidivé. Je m'inquiète. Elle m'a annoncé qu'elle n'allait sans doute pas se faire soigner.

— C'est n'importe quoi, rétorque-t-elle sur un ton péremptoire. La médecine offre de nombreuses ressources, c'est ridicule de s'en passer, ton amie a toujours été… un peu fantasque, il est vrai.

Je sais qu'elle n'aime pas Ginger, d'habitude je laisse couler… mais là ça m'agace.

— Elle va peut-être partir pour New York pour réaliser un vieux rêve d'adolescente, rétorqué-je.

— Partir à l'autre bout du monde alors qu'elle est malade ? Ça lui ressemble bien de prendre ce genre de décision égoïste. Et qu'en pense sa famille ?

— Elle n'a plus de contact avec son père et sa mère s'est suicidée. Niveau famille, disons que personne n'y trouve quoi que ce soit à redire.

— Dieu merci, tu ne ferais pas une chose pareille si ça t'arrivait. D'ailleurs, n'hésite pas à aller te faire dépister. Les médecins disent que c'est à partir de cinquante ans, mais j'entends de plus en plus parler autour de moi de femmes qui ont développé un cancer du sein à l'âge de trente-cinq ans. Je peux te donner les coordonnées du cabinet où je vais faire mes mammographies, ils sont très bien.

— Elle m'a proposé de partir avec elle, murmuré-je.
— C'est vrai que c'est un peu douloureux, après, mieux vaut une petite douleur sur le coup que... Elle t'a quoi ? Parle plus fort, ma chérie, je t'entends mal !
— Je disais, elle m'a proposé de partir avec elle, de l'accompagner à New York, pour une durée indéterminée.

Je connais ma mère par cœur, je peux deviner son visage se décomposer.

— Tu lui as dit non, bien sûr, jamais tu ne ferais ça.
— Pourquoi es-tu si sûre que j'ai refusé ? Ginger est ma meilleure amie, je ferais n'importe quoi pour elle, et...
— Parce que tu es une jeune femme raisonnable, qui ne prend pas de risques inconsidérés. Être enfermé dans un avion pendant des heures et des heures, ce n'est pas naturel, l'être humain n'est pas fait pour voler. Sinon, la nature lui aurait donné des ailes. Donne-moi son numéro de téléphone, je vais l'appeler.
— Et pourquoi la contacterais-tu ?
— Pour lui dire qu'elle doit se faire soigner. La fille de notre voisine a eu un cancer également et elle s'en est très bien sortie. Ils lui ont même reconstruit le sein en même temps qu'ils lui ont enlevé la tumeur. Et puis lui expliquer qu'elle ne peut pas te demander un sacrifice pareil. Tu as ta vie, tes traductions, tu ne peux pas tout plaquer comme ça sur un coup de tête juste parce que ton amie fait un caprice.
— Ce n'est pas un caprice, maman... Oh et puis, de toute façon, peu importe, il n'est pas question que je te donne son numéro de téléphone.

Un rire nerveux s'échappe de moi. Un rire qui, très vite, se transforme en larmes.

— Tu veux connaître la vérité, maman ? C'est pathétique en vrai. Si je n'accompagne pas Ginger, ce n'est pas du tout parce que je suis quelqu'un de raisonnable, non, si je ne l'accompagne pas, c'est uniquement parce que j'ai la trouille. De tout et de rien. De l'avion, d'une ville que je ne connais pas, des maladies que je pourrais attraper, de me faire agresser, de me perdre et de ne pas réussir à retrouver mon chemin. Je suis cette amie qui fait passer ses angoisses avant tout le reste... J'adorerais m'avoir pour amie tiens, si je le pouvais, je me choisirais sur-le-champ !

— À t'entendre on dirait que tu es en colère contre moi. Tu ne vas pas me reprocher de t'avoir appris à être prudente quand même ?

— Être prudente ? Regarder à droite et à gauche avant de traverser la rue, ça, c'est être prudente ! Toi, tu m'as appris la peur, maman ! Tu m'as appris que tout est danger, que tout est risque. Parfois je suis si angoissée à l'idée de devoir faire quelque chose que j'ai du mal à respirer.

— Tu es ingrate, Lola. Tout ce que j'ai fait, je l'ai fait pour te protéger.

— Et tu l'as tellement bien fait que tu es parvenue à me protéger de la vie elle-même. Tu veux un scoop ? Ça ne rend pas heureuse. Parce que le jour où ta meilleure amie, qui va sans doute mourir, te demande de l'accompagner, tu ne peux pas. Je suis capable de faire installer un système d'alarme et ainsi de tenir à distance les méchants cambrioleurs, et je suis incapable d'aider une amie. Tu peux penser que je suis une ingrate, mais oui, il y a des jours comme aujourd'hui où je ne peux pas m'empêcher de t'en vouloir, maman. Mais, c'est surtout à moi que j'en veux, si ça peut te consoler. Je... J'ai du travail, il faut que je te laisse. On se rappelle.

— Tu ne viens pas déjeuner à la maison comme prévu ce dimanche ? me demande-t-elle, inquiète à l'idée d'une perturbation dans sa vie planifiée.

Le coup de fil rituel, le déjeuner dominical rituel... Je me sens tellement mal que je suis sur le point de lui demander si elle s'envoie en l'air de la même manière, tous les premiers vendredis du mois. Ça aussi, j'en suis incapable.

— Si, maman, je viendrai dimanche comme prévu.

— Je cuisinerai du poulet rôti et des petites pommes de terre comme tu aimes, ajoute-t-elle comme si notre échange sur Ginger n'avait pas existé, comme si tout était redevenu normal, chaque chose à la place qui est la sienne. À dimanche.

À dimanche, maman, à dimanche.

* * *

Je suis sortie faire des courses. Quitte à ce que la journée soit mauvaise, autant en profiter pour faire quelque chose que je déteste et qui ne viendra pas gâcher une autre journée. Le supermarché représente une épreuve. La foule, les lumières, le bruit... Et surtout la peur de ne pas retrouver les produits à leur place habituelle. C'est un truc de marketing. Ils bougent les rayons pour nous perturber, nous les clients, et nous obliger à chercher, en se disant que peut-être, au passage, on va acheter quelque chose qui n'était pas prévu sur la liste. Est-ce que ces personnes du marketing ont pensé à l'effet produit sur les anxieux chroniques ? Je ne pense pas. Tant qu'on n'a pas fait de crise d'angoisse en plein milieu du magasin parce qu'on ne trouve pas sa brioche du matin, on ne peut pas comprendre. J'ai donc toujours cette boule au creux de l'estomac, lorsque je passe les portes vitrées du supermarché où j'ai mes habitudes. Habitude, voilà bien un mot qu'il faudrait glisser dans l'oreille des équipes du marketing. Les courses en ligne seraient une solution idéale si tous les produits étaient référencés. Or ce n'est pas le cas. Pour certains d'entre eux, comme le pot de glace noix de pécan-caramel beurre salé, je dois me déplacer. Je refuse de vivre sans glace noix de pécan-caramel beurre salé. En manger quelques cuillérées est parfois le seul moment agréable de ma journée.

Cette fois, tout semble bien à sa place lorsque j'entre dans le magasin. Sur ma droite, au fond, les rayonnages de sodas, jus de fruits et autres boissons sucrées. Sur ma gauche, les rayons bébé débordant de paquets de couches et de boîtes de lait maternisé. Pourtant, quelque chose me contrarie sans que je réussisse à mettre le doigt dessus. Je sens que ce n'est tout de même pas comme d'habitude. Je reviens sur mes pas, incapable de me défaire de cette sensation désagréable, jusqu'à la borne d'accueil occupée par Malcolm, l'agent de sécurité. Je regarde à gauche, à droite, je me tourne et puis soudain, je comprends. Elena.

Elena n'est pas à sa place, assise sur son carton, entourée de ses maigres possessions. Cela fait des mois qu'elle vit là, réfugiée ukrainienne ayant fui les combats dans son pays. Elena que j'ai eu du mal à approcher, entre barrière de la langue et méfiance naturelle. Et puis un jour, je me suis décidée à lui demander si elle avait besoin de quelque chose. Elle m'a montré ses mains, il m'a fallu un moment pour comprendre qu'elle voulait des gants. Lorsque je suis revenue quelques jours plus tard, son regard s'est illuminé en voyant la paire rouge que je lui avais apportée. Depuis lors, chaque fois que je vais au supermarché, je m'arrête à son niveau pour savoir s'il lui faut quelque chose et je le lui achète dans la foulée. Elena n'est pas très exigeante, juste gourmande. Alors, il n'est pas rare que son choix se porte sur une sucette ou des madeleines. Une fois, elle m'a même accompagnée à l'intérieur, sous le regard plus qu'attentif de Malcolm. Elle avait besoin de protections hygiéniques et les mimes n'étaient pas venus à bout de notre incompréhension respective.

Aujourd'hui, elle n'est pas là. Et ce n'est pas bon signe.

— Bonjour, Malcolm, savez-vous où est Elena ? La femme qui vivait là… dehors.

— Oui, son corps a été retrouvé ce matin par l'équipe de ronde.

— Comment est-ce possible ? m'écrié-je, horrifiée. Nous sommes en été, les journées et les nuits sont clémentes.

— Il a fait trop chaud. C'est ce qu'ont dit les pompiers quand ils sont arrivés. Il paraît que les SDF sont plus en danger l'été que l'hiver. De toute façon, elle avait pas le droit d'être là. C'est mieux comme ça.

« C'est mieux comme ça… » Il a le regard d'un type libéré d'un problème. Elena, dont il ne connaissait même pas le prénom, était une source d'ennuis pour lui, une potentielle voleuse à la tire qu'il toisait toujours d'un œil mauvais.

— Il vous faut un renseignement, madame ? me demande-t-il au bout de quelques secondes.

Le dossier est clos pour lui. Il est passé à autre chose. Une jeune femme est décédée, mais qu'importe. De toute façon, elle n'avait pas le droit d'être là.

Sous le choc, et sans un mot, je tourne les talons. Je déambule dans les rayons, attrape un produit par-ci par-là, sans y prêter attention. Elena... Avait-elle un problème de santé ? J'aurais dû lui poser la question. Peut-être que j'aurais pu l'emmener voir un médecin. Et sa famille ? Comment va-t-on les prévenir ?

Quand je sors du supermarché, une bonne heure plus tard, mes deux sacs de courses dans les mains – pourquoi est-ce que je devais y aller déjà ? –, je me retourne une dernière fois vers la place habituellement occupée par cette jeune femme qui me faisait de la peine et que j'avais fini par apprivoiser.

Et je la vois.

Comment est-ce possible ? Je pose mes sacs dans le coffre avant de le refermer, je prends une grande inspiration, et je me retourne. Une personne est assise sur un carton. À l'endroit même où Elena se trouvait. Elle a la tête baissée, si bien que je ne peux pas distinguer son visage, mais cela ne peut être qu'elle. Le cœur gros, près d'exploser, je m'approche.

— Elena ? Elena, c'est vous ? Est-ce que ça va ?

Elle lève la tête. Je me fige. Ce n'est pas Elena qui est assise là, par terre. C'est Ginger. Le visage émacié, les yeux perdus dans le vague.

— Ginger ? Qu'est-ce que tu fais là ?

Elle ne me répond pas, ne m'adresse pas un regard. C'est impossible, elle ne peut pas être... Nous nous sommes vues il y a quelques jours à peine et elle était... normale.

Je ferme les yeux. Quand je les rouvre, Ginger n'est plus là. Il ne reste que le vide laissé par Elena.

— Vous êtes sûre que ça va, madame ? m'interroge Malcolm. Vous n'allez pas faire un malaise vous aussi ?

— Je vais bien, ne vous inquiétez pas. C'est... Un instant, j'ai cru que... Ce n'est rien.

Il hausse les épaules et retourne à son poste d'observation. Ginger. Elle paraissait si triste, et si... seule. Pourquoi mon cerveau me joue-t-il ce genre de tour ?

Je regagne ma voiture, je prends place derrière le volant, ma main est paralysée au-dessus de la clé de contact, incapable d'effectuer ce simple geste fait des milliers de fois. Ginger. Elle pourrait finir comme Elena, abandonnée et malade à New York, sans personne à qui parler ou à qui demander de l'aide. Comment fera-t-elle lorsque le cancer va s'aggraver, lorsqu'il la rendra faible au point qu'elle ne pourra plus s'occuper d'elle-même ? Elena avait sans doute de la famille, des amis en Ukraine. Peut-être qu'elle devait fuir avec quelqu'un qui l'a laissé tomber. Si on avait veillé sur elle, peut-être qu'elle serait encore là.

Ginger. Ma meilleure amie va partir pour New York. Je ne peux pas la laisser faire ça toute seule. Je refuse qu'elle finisse comme Elena, sur un carton, à quémander des miettes à des gens qui, pour la plupart, font surtout attention à garder leurs distances. Je ne pourrais plus me regarder dans une glace s'il devait lui arriver quelque chose. Fébrile, j'attrape mon téléphone dans mon sac à main et je compose le numéro de mon amie. Occupé. Il faut que je lui parle, il faut que je lui dise. Ça va être terrifiant et je ne sais pas du tout comment je vais gérer tout ça. Une chose est sûre désormais, je dois accompagner Ginger. Elle va avoir besoin d'une amie pour veiller sur elle.

Ma main soudain libérée de sa paralysie tourne la clé de contact. J'enclenche la première et c'est parti. Une larme coule le long de ma joue, je la laisse rouler. Elena n'est plus, il faut bien que quelqu'un pleure pour elle.

* * *

GINGER

Affairée dans ma chambre, le lit recouvert de vêtements, j'essaie depuis deux bonnes heures de remplir intelligemment les deux valises qui sont ouvertes sur le sol. Pas évident lorsqu'on part pour un voyage a priori sans retour et sans indication sur la durée du séjour. Il fait actuellement chaud à New York, mais les hivers y sont rudes, en général.

Je suis soudain déconcentrée par une mélodie dont le son est étouffé. Il me faut quelques secondes pour comprendre que c'est mon téléphone portable qui sonne. Je fouille parmi les jupes, robes, combinaisons et autres vêtements entassés sur ma couette et décroche in extremis.

— Madame Ternet ?
— C'est moi.
— Bonjour, madame. Je suis la maman de Lola.

— La maman de Lola… Il lui est arrivé quelque chose ? C'est grave ? Oui, si vous m'appelez c'est que c'est grave. Comment avez-vous eu mon numéro ? C'est Lola qui vous l'a donné ?

— Il y a quelques mois, j'ai incité Lola à faire faire des cartes de visite pour les situations d'urgence. Ça se fait beaucoup aux États-Unis, j'avais vu ça dans un reportage. C'est une carte plastifiée sur laquelle figurent les éléments essentiels à une prise en charge médicale : votre identité bien entendu, votre numéro de Sécurité sociale, votre groupe sanguin et les coordonnées des personnes à prévenir. Vous êtes dans cette liste de personnes à prévenir, c'est comme ça que j'ai eu votre numéro.

Mon cœur bat beaucoup trop vite. Le souffle court, j'imagine Lola entre la vie et la mort sur un lit d'hôpital, intubée, ventilée, avec de multiples fractures. Elle qui panique à la moindre égratignure…

— Si je vous appelle, reprend la mère de Lola, c'est pour vous demander de bien vouloir laisser ma fille tranquille.

Dans l'incompréhension la plus totale, je ne peux malgré tout retenir quelques éclats de rire de soulagement.

— Si ça vous amuse, moi pas. Lola m'a dit que vous comptiez partir pour New York et que vous lui aviez demandé de partir avec vous. J'aimerais que vous cessiez de lui mettre de telles idées dans la tête.

— Pardon ?

— Je sais que vous êtes atteinte d'un cancer et qu'il est en récidive. J'en suis vraiment désolée pour vous, soyez-en assurée, cependant ce n'est pas une raison pour demander à mon bébé de vous accompagner au bout du monde dans une ville où les armes à feu sont en vente libre et où elle pourrait se faire tirer dessus à tous les coins de rue.

— Votre bébé ? Lola va avoir quarante ans. Elle est majeure depuis bien longtemps et libre de prendre ses propres décisions.

— Si vous étiez une personne sensée, vous vous feriez soigner comme tout le monde et vous ne chercheriez pas à embarquer quelqu'un dans une aventure rocambolesque digne d'un téléfilm de série B. J'ai toujours dit à Lola que vous aviez une mauvaise influence sur elle, que vous n'étiez pas quelqu'un de fréquentable. Dieu sait pour quelle raison, elle s'est entichée de vous.

— Lola est ma meilleure amie, elle compte beaucoup pour moi.

— Si c'était le cas, vous ne chercheriez pas à l'éloigner de sa famille, de ses parents qui l'aiment. Vous la laisseriez vivre sa vie en paix.

— Justement ce que je veux, c'est qu'elle... Oh, et puis, je n'ai aucun compte à vous rendre. Vous ne m'avez jamais appréciée, eh bien, vous voulez un scoop ? Moi non plus. Alors, allez vous faire foutre et bonne fin de journée !

Je raccroche avant de balancer le téléphone sur un oreiller de toutes mes forces. Pour qui se prend cette femme pour m'appeler et me dire ce que je dois faire ou ne pas faire ? On croit rêver.

C'est moi qui ai une mauvaise influence sur Lola ? Quand je l'ai rencontrée, elle n'était même pas capable de sortir dîner dans un restaurant. Et c'est à moi qu'on fait des reproches ?

Furieuse, je déboule dans ma cuisine, tout droit vers le congélateur. J'ai besoin d'un remontant à base de chocolat. Une bonne dose de crème glacée pleine de sucre et hyper calorique. Je fouille, soulève les sachets de petits pois et autres légumes surgelés pour constater que je n'ai plus le moindre pot de glace en stock. Il y a des limites à ce que l'on peut supporter dans la vie. L'absence de glace au chocolat dans le congélateur fait partie des miennes. J'attrape mes clés de voiture sur le comptoir, mon sac à main, et j'ouvre la porte d'entrée à la volée, bien décidée à remédier à ma problématique du moment.

Le choc est tout aussi inattendu que déséquilibrant. Je vacille avant de me rattraper de justesse.

— Aïe !!!

Ce n'est pas le cas de Lola dans laquelle je viens de foncer tête baissée en sortant et qui gît par terre, la main sur sa cheville droite.

— Lola ? Qu'est-ce que tu fais là ? Deuxième fois que tu débarques à l'improviste chez moi, il y a un souci ? m'inquiété-je aussitôt.

— Je voulais te parler. J'ai essayé de t'appeler. Ça sonnait occupé, alors je suis venue. C'est important, Ginger, vraiment important.

Elle essaie de se relever, grimaçant de douleur avant de renoncer.

— Attends, attends, je vais t'aider.

Je me baisse pour qu'elle puisse prendre appui sur moi et se mettre debout.

— C'est ta cheville droite ?

— Oui. Tu crois que c'est cassé ? me demande-t-elle, anxieuse.

— Ça m'étonnerait. Je t'emmène jusqu'au canapé et on va appliquer de la glace dessus, ça aidera à résorber l'œdème. Si besoin, on ira faire une radio – mais je ne pense pas que ce sera nécessaire, je m'empresse d'ajouter devant son regard paniqué.

Nous réussissons tant bien que mal à atteindre mon salon. J'aide Lola à s'asseoir et dispose aussitôt plusieurs coussins sur la table basse afin qu'elle puisse surélever son pied.

— Est-ce que tu as une préférence pour un légume vert ? je lui demande dans la cuisine, le nez plongé dans le congélateur.

— Euh… non…

— Ce sera donc haricots verts pour madame, dis-je en brandissant le sachet surgelé en question avant de le déposer sur sa cheville. Ça va vite te soulager.

— Merci, Ginger.

— Et sinon, qu'est-ce qui t'amenait chez moi ?

— J'ai eu ma mère ce matin au téléphone et…

— C'est marrant, elle vient de m'appeler et j'avais à peine raccroché quand nous nous sommes percutées.

— Tu as eu ma mère au téléphone ?

— Oui, et j'en étais aussi surprise que toi.

— Comment… Comment a-t-elle eu ton numéro ?

— A priori, tu m'as mise dans les personnes à prévenir sur une certaine carte de visite qu'elle avait en sa possession.

— Ah, c'est exact, soupire-t-elle. La fameuse carte. Elle m'a bassinée avec ça pendant des semaines jusqu'à ce que je cède et que j'en fasse imprimer des centaines. Elle m'élaborait toutes sortes de scénarios catastrophes à base d'agression, de perte de connaissance et d'impossibilité de la prévenir. J'ai fini par en faire des cauchemars. Enfin bref, c'est pas du tout pour te parler de ça que je suis venue.

— C'est pour me parler de New York ?

— C'est pour te parler de New York, enchaîne-t-elle sans faire attention à ce que je viens de dire. Euh, attends, comment as-tu deviné ?

— Je te l'ai dit, ta mère m'a passé un coup de fil il y a moins d'une demi-heure. Elle m'a demandé de te laisser en dehors de mes histoires de cancer et de récidive. D'après elle, je suis une personne autocentrée et toxique et je n'ai pas le droit de vouloir t'emmener dans un pays où tu risques, et je cite, de te faire tirer dessus à tous les coins de rue.

— Je ne peux pas croire qu'elle ait fait un truc pareil, soupire Lola. Qu'elle tente de me dissuader, passe encore. Qu'elle cherche à te faire culpabiliser... On atteint des sommets.

— Elle s'inquiète pour toi...

Mon ton compatissant me surprend moi-même.

— Elle voue sa vie à s'inquiéter pour moi ! s'énerve-t-elle. Tu veux connaître sa dernière lubie ? Les cambriolages. C'est tout chaud, ça date de ce matin. Au téléphone, elle m'a fortement suggéré de faire installer une alarme parce qu'une femme seule dans une maison comme la mienne, ce n'est pas sérieux. Un instant, j'ai cru qu'elle allait me proposer de réintégrer le sous-sol familial, histoire d'avoir en permanence un œil sur moi. Et tu veux entendre le pire ? Eh bien le pire, c'est que ça marche. Quand je suis sortie de mon appartement tout à l'heure, je me suis imaginé le retrouver sens dessus dessous et je me suis demandé ce que ça me ferait si quelqu'un violait mon intimité. Alors que jamais jusque-là, je ne m'étais posé cette question. Bon, on s'en fiche. Si je suis venue, c'est pour te parler de New York. Je ne sais vraiment pas comment je vais réussir à faire ça, vu que ce n'est pas chiffrable en unités d'angoisse, mais ce dont je suis sûre, c'est que je ne pourrai plus me regarder dans la glace si je te laisse partir toute seule.

— Lola...

— Je t'accompagne. Si tu veux encore de moi, bien sûr. Je ne sais pas si tu prends la bonne décision, je ne sais pas non plus si je suis d'accord avec cette décision, mais tu es ma meilleure amie et quand votre meilleure amie vous demande de l'accompagner dans une telle épreuve, eh bien, on accepte et puis c'est tout.

Les larmes aux yeux, je m'approche de mon amie pour la prendre dans mes bras.

— Je refuse que tu termines toute seule comme Elena sur un vieux bout de carton, sanglote-t-elle.

— Qui est Elena ?

— Une femme qui m'a fait comprendre que j'étais sur le point de commettre une grosse erreur. Mais ce n'est pas le plus important. Sais-tu... quand veux-tu que nous partions ? Parce que j'ai quand même des petits trucs à régler avant...

Je suis si fière d'elle. Je la connais, mieux qu'elle ne le pense, je sais ce que lui coûte cette décision. Et j'en connais une qui...

— Oh merde ! J'ai dit à ta mère d'aller se faire foutre et je lui ai raccroché au nez, réalisé-je soudain.

— Tu es sérieuse ? Tu lui as dit texto d'aller se faire foutre ?

— Elle déblatérait toutes ces horreurs sur moi... Si tu veux, je peux l'appeler pour m'excuser !

— Tu rigoles, non, surtout pas ! Ça fait des années que j'ai envie de le faire, moi. Sauf que... Même en rêve, ça me déclenche des crises d'angoisse, alors... Elle ne l'a pas volé.

— Donc, toi et moi on s'envole pour New York ? À l'assaut de Broadway ?

— Toi et moi on s'envole pour New York, répond-elle avec un manque d'assurance qui ne m'échappe pas.

Inutile de lui dire à quel point j'ai peur, moi aussi. Peur de ne pas y arriver. Peur de ne pas avoir le temps.

* * *

LOLA

Je peux remuer ma cheville de gauche à droite. C'est douloureux encore, mais je peux. Quand c'est cassé, ce genre de mouvement est impossible, non ? Je ferme les yeux. Ginger s'affaire en cuisine. Elle a proposé de nous préparer une salade composée dont elle a le secret – je la soupçonne d'ouvrir son réfrigérateur et de mélanger tout ce qui lui passe sous la main[1] –, accompagnée de tranches de pain de seigle grillées et beurrées (mon péché mignon). Ce déjeuner improvisé sera aussi l'occasion pour Ginger de me faire découvrir une de ses comédies musicales préférées, car autant l'admettre, en dehors des reprises de *Glee*, je suis un peu inculte en la matière.

---
1. Une salade fourzitou, de la grande gastronomie française ☺.

Si j'ose, je lui demanderai si elle accepte de me montrer l'enregistrement fait d'elle par sa maman. Après tout, je lui dois mon futur voyage à New York, j'ai le droit de mettre un visage sur un ennemi qui me veut du mal.

— J'espère que ça t'ira, me dit Ginger en posant sur la table basse une assiette à la présentation digne d'un restaurant étoilé. Je n'avais presque plus de vinaigre balsamique.

— Disons que ça passe pour cette fois, je lui réponds avec une moue dubitative, c'est vraiment parce que c'est toi.

Je ris devant son air sérieux.

— On ne plaisante pas avec le vinaigre balsamique. Le vinaigre balsamique, c'est sacré.

Puis, elle pouffe à son tour. J'entame ma salade avec appétit. C'est un constat que j'ai fait il y a longtemps déjà, après une importante crise d'angoisse : j'ai toujours faim. Comme si mon corps avait besoin de se recharger en calories.

— C'est délicieux ! Tu as un don pour la cuisine. À peine quelques ingrédients et tu transformes une salade de tomates en plat sophistiqué. Si ça avait été moi aux manettes, les tomates auraient eu un goût… de tomates et c'est tout.

— Je n'ai pas beaucoup de mérite. Si tu avais passé comme moi des heures et des heures à regarder Thomas cuisiner, si tu l'avais écouté te parler de ciboulette, d'estragon ou de piment d'Espelette, toi aussi tu ferais des merveilles.

— Ça te manque toujours autant ? Le restaurant, les gens…

— Oui, toujours. C'était toute ma vie, j'y étais heureuse. C'est dur d'avoir dû y renoncer. Très dur. Je me voyais finir ma vie derrière le bar, vieille femme ratatinée aux cheveux gris. Ça me réconforte de ne pas avoir eu à le vendre à un étranger. Au moins, je sais que l'âme de *Chez Ginger* ne disparaîtra pas avec moi.

— Tu vas leur dire… pour ?

— Non, je ne crois pas. Ou pas tout de suite. Si tout le monde le sait, je vais recevoir sans cesse des messages me demandant comment je vais, si tout va bien… Je n'ai pas envie de penser à ma mort avant que ce ne soit le moment, tu comprends ?

Je ne sais pas si je comprends, mais j'acquiesce.

— Si je ne me lance pas dans une nouvelle chimio, c'est pour ne pas avoir à penser à la maladie en permanence, alors je ne veux pas que la sollicitude des uns et des autres me la rappelle sans cesse. S'il ne doit me rester que quelques mois, je veux que ces mois soient les plus joyeux possible. D'ailleurs, tu dois me promettre de ne plus prononcer les mots interdits à partir de maintenant !

— Les mots interdits ?

— Cancer, récidive, métastase, douleur, souffrance, mort… Tous ces mots qui tracent le chemin vers l'inéluctable. Je vais mourir, je le sais, tu le sais, alors inutile d'en parler.

— Ginger…

— Promets-le-moi, Lola, s'il te plaît.

— Je… je te le promets.

— Et pour les autres, je leur écrirai une lettre. Quand ce sera le moment, je leur écrirai. Tu n'auras pas à leur apprendre quoi que ce soit.

Je suis soulagée. Je n'ai pas envie d'être celle qui apporte la mauvaise nouvelle, d'autant plus que souvent, le message se confond avec le messager et c'est à lui qu'on s'en prend.

— Qu'est-ce qu'on regarde alors ? *West Side Story* ? *La Mélodie du bonheur* ? *Cats* ? Tu as une envie particulière ?

— Comme je te l'ai dit, je n'y connais rien du tout. Tu me proposes *Cats* et moi je pense à *Une nounou d'enfer*[1], alors...

— C'est vrai qu'on part de loin... Je sais ! On va regarder l'une des toutes premières comédies musicales que j'ai vues : *My Fair Lady*. Avec Audrey Hepburn et Rex Harrison. *The rain in Spain stays mainly in the plain*... s'enflamme-t-elle.

— Bonne idée, mais avant... J'aimerais... Est-ce que tu serais d'accord pour me montrer la vidéo de toi enregistrée par ta maman ?

Je la sens hésiter.

— Si jamais c'est trop dur pour toi, je comprendrais hein, c'est juste que...

— Oui, oui, bien sûr... C'est normal, en même temps. C'est un peu à cause de cet enregistrement que tu t'apprêtes à me suivre à l'autre bout de la planète. À ta place, moi aussi je voudrais le voir. Laisse-moi deux minutes, je vais aller chercher mon ordinateur.

Lorsqu'elle revient, il s'est écoulé un bon quart d'heure. Bien plus qu'il ne lui en fallait pour se rendre jusqu'à sa chambre, récupérer son PC portable et revenir

---

1. Vous avez la ref ?

dans le salon. Je ne lui pose pas de questions, elle fait comme si de rien n'était. Seul le tremblement de ses mains trahit l'émotion qu'elle ressent à l'idée d'être de nouveau confrontée à ces images. Je commence à culpabiliser de lui avoir fait cette demande et suis sur le point de lui dire que finalement, ce n'est pas la peine, je n'ai pas besoin d'en voir plus, quand l'adolescente qu'elle était s'affiche sur l'écran. Elle est assise sur un tabouret, habillée à la mode de l'époque d'une salopette en jean, et coiffée d'un bandeau dans les cheveux.

— Tu as été canon toute ta vie, alors ! lancé-je. Une vraie Charlotte Pivain.

— Qui est Charlotte Pivain ?

— Une fille qui était dans ma classe au collège. De longs cheveux blonds, un corps de rêve. Hyper bien sapée et très populaire, comme tu t'en doutes. Je l'ai recroisée il y a quelques années. Elle était toujours aussi belle. Si tu avais fréquenté le même établissement que moi, tu aurais été l'une de ses meilleures amies, et tu ne m'aurais pas adressé le moindre regard. Ce qui était le cas de tout le monde, cela dit. J'étais transparente.

— Charlotte Pivain ? Ça sonne faux. Non, moi je suis sûre que je me serais intéressée à toi. Ne serait-ce que parce que tu t'appelais comme l'autruche de *Téléchat*. Ça m'aurait suffi à te trouver cool.

— J'avais une peur bleue de leur téléphone, tu te souviens, celui qui avait une tête à la place de l'écouteur.

Ginger ne m'écoute plus, elle a lancé la vidéo.

... Bonjour, vous vous appelez Ginger, parlez-nous un peu de vous...

La voix de sa maman. Je frissonne malgré moi. Ça a dû être tellement bouleversant pour elle de l'entendre après toutes ces années.

Je m'appelle Ginger, j'ai dix-sept ans, je suis encore au lycée, mais mon rêve, c'est de chanter à Broadway. Parce que c'est là que ça se passe. Parce que c'est là qu'on vibre pour la musique. Je veux fouler les planches du St. James Theatre et ressentir l'énergie de toutes celles qui l'ont fait avant moi. Je veux m'enivrer des applaudissements du public. Je suis prête à travailler dur, à m'entraîner pendant des heures et des heures s'il le faut...
Montre-leur comment tu chantes, murmure sa mère.
À l'écran, Ginger s'exécute et commence à interpréter une chanson que je ne connais pas.
... Papa, please forgive me, try to understand me...

Elle chante et c'est comme si rien d'autre n'avait plus d'importance. Elle s'anime et vit le moment pleinement. La chanson se termine, elle ouvre les yeux, un immense sourire éclaire son visage.

Ils vont t'adorer. Tu es faite pour ça, ma Ginger, tu es faite pour devenir une star. Tu vas voir, cette vidéo va tout changer, j'en suis certaine. Je vais aller me renseigner et trouver les adresses des différents producteurs de Broadway. Il faudrait qu'on fasse des photos aussi. Des photos en noir et blanc comme celles d'Audrey Hepburn...

Ginger met la vidéo sur pause, l'image se fige. Je prends sa main et la serre fort. Ses joues sont baignées de larmes.

— Elle avait raison, ta maman. Tu es faite pour devenir une star. Je suis certaine moi aussi que les gens vont t'adorer. On... on part quand ?

— 7 —

> *« C'est tellement court une vie, tellement fragile aussi. Que de courir après le temps, ne laisse plus rien à vivre. »*

« **L'Envie d'aimer** » – *Les Dix Commandements*

LOLA

Où est-ce que je vais trouver une valise ? Est-ce qu'elle doit avoir une taille particulière ? Est-ce qu'on peut en prendre plusieurs ?

Et si je ne parviens pas à monter dans l'avion ? Et si mon siège est sur une aile ? Est-ce que c'est pire d'être sur une aile ? Et si l'avion s'écrase ? Est-ce que je prends mon anxiolytique avant de partir ou bien j'attends d'être dans l'avion ? Ou alors un somnifère ? Est-ce que j'avale carrément un somnifère ? Est-ce qu'on a le droit d'avoir des médicaments en cabine ? Et si je suis endormie alors qu'on nous donne les consignes de sécurité ? Et si je ne sais pas quoi faire parce que je n'ai pas vu l'hôtesse nous indiquer les portes de sortie ?

Est-ce qu'il faut que je regarde les consignes avant sur YouTube ? Est-ce que ce ne serait pas mieux d'avoir un brevet de secouriste, au cas où ? Est-ce que j'ai encore le temps de le passer ?

Et si je vomis ? Est-ce qu'il faut que je laisse une brosse à dents dans mon sac à main ? Et du dentifrice ? Est-ce que ça existe les dentifrices en moins de 100 ml ?

Et si je ne réussis pas à mettre un pied en dehors de l'appartement ? Et si je me perds dans les rues de New York ? Et si je fais une crise d'angoisse en pleine rue ? Et si je me fais agresser ? Est-ce qu'il ne serait pas plus prudent de prendre quelques cours d'autodéfense ? Et si je suis soudain incapable de prononcer le moindre mot en anglais ? Et si personne ne me comprend ?

Est-ce que je vais être à la hauteur, pour Ginger ? Est-ce que je vais être capable de la regarder mourir, comme ça, sans rien faire ? Est-ce que l'on sait quand vient la fin ?

Et si moi aussi je tombe malade ? Est-ce qu'il faut que je souscrive une assurance ? Est-ce que c'est bien prudent ce voyage ?

Est-ce que j'ai peur ?

Oui. J'ai peur. Bien sûr que j'ai peur.

GINGER

Est-ce que je suis lâche de partir, de ne pas tout tenter ? Est-ce que j'ai le droit de ne pas vouloir essayer alors qu'il y a peut-être un espoir de guérison ? Est-ce que je vais souffrir ? Est-ce que je vais avoir le temps ?

Ai-je raison d'embarquer Lola comme ça avec moi, alors qu'elle n'a rien demandé ? Est-ce que je suis égoïste ? Est-ce qu'il y a des moments dans la vie où l'égoïsme peut se comprendre ?

Quand on ne se fait pas traiter, est-ce qu'on sent le cancer qui progresse à l'intérieur de son corps ? Vais-je tenir ? Serai-je assez forte ?

Est-ce que je vais me réveiller un matin avec la certitude que cette journée est la dernière ? Que ressent-on quand on meurt ? Est-ce qu'on a l'impression de s'endormir ? Est-ce qu'on souffre ? Est-ce qu'on s'étouffe ?

Combien de temps ? Est-ce qu'il est déjà trop tard ? Est-ce que j'entreprends ce voyage pour ma mère ou pour moi ? Que se passe-t-il ensuite quand... tout est fini ? Est-ce qu'on flotte au-dessus de son corps mort ? Pourquoi moi ? Pourquoi maintenant ?

Est-ce que j'ai peur ?

Oui. J'ai peur. Bien sûr que j'ai peur.

SECONDE PARTIE

— 8 —

> *« I love him, but when the night is over, he is gone, the river's just a river. Without him the world around me changes, the trees are bare and everywhere the streets are full of strangers. »*
>
> **« On my Own »** – *Les Misérables*

LOLA

Times Square, Manhattan. Ginger et moi sommes affalées dans l'immense lit d'une non moins immense chambre d'hôtel. Le matelas épais et frais a si bien accueilli nos corps à peine la porte refermée, que nous avons été incapables de nous en extraire depuis. Les yeux de Ginger papillonnent, je reste le plus immobile possible afin qu'elle puisse s'endormir. La pauvre n'a pas pu fermer l'œil pendant le vol, occupée qu'elle était à me faire la conversation pour détourner mon attention des bruits terrifiants émis par cet appareil de tous les diables. Des bruits qui résonnent encore dans ma tête et dont il me semble préférable de ne pas connaître l'origine.

Je suis vidée et surexcitée à la fois. Deux sensations inconfortables, surtout lorsqu'elles coexistent. C'est comme avoir faim alors qu'on a l'estomac noué.

Monter dans cet avion et y rester pendant de si longues heures m'a coûté un nombre d'unités d'angoisse jamais atteint jusqu'alors. Et pourtant, j'étais une tête de gondole de produits antistress à moi toute seule. Bracelets, colliers, huiles essentielles, gummies… La veille du départ, je me suis littéralement jetée sur toute allégation « antistress » vérifiée ou fallacieuse, allant jusqu'à acheter une paire de chaussettes soi-disant magiques, censées activer certaines zones du pied en lien avec l'anxiété. Résultat : des démangeaisons carabinées qui m'ont contrainte à porter mes baskets sans chaussettes et ont conduit les fameuses chaussettes dans la première poubelle de l'aéroport.

Sans unité d'anxiété disponible, je ne sais pas comment je vais réussir à sortir de cette chambre d'hôtel, comment je vais parvenir à affronter les rues newyorkaises bruyantes et hostiles. Sauf que je ressens comme une urgence qui monte, celle d'agir, d'élaborer un plan de bataille. Pour Ginger. Comme si… elle allait mourir demain.

Le plus discrètement possible, mon amie s'étant assoupie, je me glisse hors du lit pour sortir un bloc-notes ainsi qu'un stylo de mon sac.

* * *

GINGER

Lorsque j'ouvre les yeux, la chambre d'hôtel est inondée de soleil. J'ai dû m'endormir sans m'en rendre compte. Quelle heure peut-il bien être ? Avec le décalage horaire, je suis complètement déphasée.

Je me redresse sur un coude et découvre Lola assise par terre, décoiffée, entourée d'une dizaine de pages noircies d'écriture. Les doigts crispés sur son stylo, elle écrit tout en baragouinant des propos incompréhensibles. Un plan… pas le temps… Aller vite…

— Lola ? Tout va bien ?

Elle ne semble pas m'entendre. Elle arrache une nouvelle feuille de son bloc-notes et continue son remplissage. Je m'approche du bord du lit et attrape une page. C'est illisible. Des traits, des points, par-ci par-là des lettres, des mots incomplets. Gagnée par l'inquiétude, j'attrape une autre page, puis encore une autre. L'écriture se dégrade petit à petit, je comprends en récupérant l'ensemble des feuilles étalées qu'elle a voulu établir un plan d'action. En haut de ce que je devine être la première page, elle a écrit « Objectif Broadway » dans un encadré. S'ensuit une liste de tâches : faire des photos pour un book, faire une vidéo de démonstration, créer un compte sur Instagram, se renseigner sur les cours de claquettes (tout le monde fait des claquettes à Broadway !), trouver les noms des producteurs, se renseigner sur les castings… Et ainsi de suite sur des dizaines de lignes. Avant que la panique ne l'envahisse et qu'elle perde le contrôle. Enfin, c'est ce que je suppose. Ma Lola, pourquoi est-ce que je t'ai embarquée dans cette aventure ? Submergée par la culpabilité, je m'approche de mon amie, qui ne s'est pas arrêtée. Elle ne trace désormais plus que des traits discontinus sur sa feuille.

— Lola, c'est moi, Ginger. Lola, regarde-moi.

Je pose ma main sur la sienne et stoppe son mouvement. Je répète :

— Lola, c'est Ginger, regarde-moi.

Il lui faut plusieurs secondes pour lever les yeux vers moi. L'angoisse que je lis dans son regard me bouleverse.

— J'ai réfléchi à un plan, me dit-elle soudain en s'animant. Il n'y a pas une minute à perdre, nous avons des tonnes de choses à faire. Si nous ne nous y mettons pas tout de suite, nous n'aurons jamais le temps. Tu n'auras jamais le temps. La maladie... Vite, il faut commencer tout de suite.

Son enthousiasme frise l'hystérie. Et cette fois, c'est à mon tour d'avoir peur. Le voyage en avion, c'était beaucoup pour elle. Nous parlons rarement de son anxiété chronique, mais d'après le peu qu'elle m'en a dit, je sais que ça lui pompe une grande partie de son énergie. Je pensais que ça allait, j'ai dû sous-estimer l'impact de ces huit longues heures de vol sur son mental.

— Nous allons commencer par nous reposer, déjà. Je vais te faire couler un bon bain – car, luxe suprême, cette chambre est équipée d'une baignoire qui pourrait accueillir trois personnes – et je vais commander en room service de quoi grignoter et surtout trinquer.

— Et ton cancer, et Broadway... ?

— Mon cancer sera toujours là demain, je serai toujours là demain et comme chacun sait, il fera jour demain. Je suis très touchée que tu aies commencé à réfléchir à un plan d'attaque. Pour le moment, on va fêter notre arrivée à New York et apporter à nos corps ce dont ils ont besoin : des cocktails et une bonne nuit de sommeil.

Elle n'a pas été simple à convaincre, mais à présent drapée dans un peignoir marqué du nom de l'hôtel, semi-allongée sur notre lit, un verre – que dis-je, une pinte, une jarre, une quasi-piscine – de vin à la main, je sens Lola nettement plus détendue et réceptive à mon discours.

— Tu m'as fichu une de ces trouilles ! je ne peux m'empêcher de lui balancer une fois que je la sens redevenue elle-même. Je ne sais pas où tu étais partie, mais tu étais à des dizaines d'années-lumière de moi et de cette chambre d'hôtel. Que s'est-il passé ?

— Je ne sais pas trop, à vrai dire. Tu t'es endormie, et moi j'étais fatiguée aussi. Pas physiquement, juste mentalement. À un moment, c'est comme si la vitalité du corps s'était déchaînée et l'avait emporté sur l'esprit. L'excitation a pris le pas sur le vide d'énergie et j'ai perdu pied. C'était atroce, je ne m'étais jamais sentie angoissée comme ça auparavant. Le temps... J'ai eu l'impression d'étouffer.

— Le médecin ne m'a pas dit qu'il ne me restait que quelques jours à vivre, Kit. Je vais bien. Je me sens bien. Nous allons avoir tout le temps nécessaire, tu verras.

Elle ne semble pas convaincue. Le soubresaut persistant de sa jambe droite la trahit.

— Je suis désolée, Lola.
— Désolée de quoi ?

— De t'avoir demandé de venir avec moi à New York. Tout ça, là, c'est uniquement pour moi, et je t'ai incitée sans trop te laisser le choix.

— J'avais le choix, Ginger. Je n'ai pas accepté de venir à contrecœur. Et pour être tout à fait honnête, c'est aussi pour moi que je suis là. J'ai quarante ans et j'en ai plus qu'assez que l'anxiété dirige ma vie. Ta demande, c'était l'occasion ou jamais de sortir de ma zone de confort qui est devenue une prison. Cela dit, je ne te cache pas que je ne m'attendais pas à une telle difficulté. Je sais aujourd'hui que « prendre l'avion » explose le nombre d'unités d'angoisse disponibles, ajoute-t-elle avec un léger sourire. On est au maximum de l'échelle de Lola, crois-en mon expérience.

Je suis certaine qu'en cet instant, elle pense comme moi à la question du retour, néanmoins nous nous gardons bien l'une comme l'autre d'évoquer le sujet.

— J'étais inspirée en tout cas, me dit-elle en regardant les feuillets posés sur le lit. Est-ce qu'il y a au moins quelques trucs qu'on peut exploiter ?

Je lui tends la première page de la pile et froisse les autres en une grosse boulette que je jette à la poubelle.

— Sur celle-là, il y a des trucs. Sur les autres, disons que tu t'adressais à des habitants d'une autre planète, je lui réponds en riant. Je voulais te dire, Lola, merci d'être là. Même si je n'avais pas envisagé un tel niveau d'angoisse – et crois bien que si je l'avais su, jamais je ne t'aurais embarquée avec moi –, je me doutais que ce ne serait pas facile pour toi.

— Toi et moi on est Kit et Kat, ce serait criminel de nous séparer. En parlant de chocolat, je meurs de faim. Tu crois qu'on pourrait se commander une de ces pizzas taille américaine ?

Je lui tends la carte du room service.

— Fais-toi plaisir ! New York est à nous !

* * *

LOLA

C'est une idée de Ginger. Une sorte d'adaptation en deux temps. D'abord l'ouïe. Puis la vue. L'estomac bien rempli d'une des meilleures pizzas de ma vie, je me suis laissé convaincre.

— Tu es sûre de toi ?
— Mais oui ! Ça va marcher, c'est obligé. Tu connais la théorie des petits pas ? Eh bien, c'est ce qu'on fait.

Debout dans le hall de l'hôtel, les yeux recouverts d'un masque de nuit, j'ai comme un doute sur l'interprétation de cette théorie des petits pas par Ginger. Elle m'attrape les deux mains et me guide vers la sortie. C'est en principe ce qui est convenu, mais rendue aveugle, je me dis qu'elle peut tout aussi bien me conduire au bord d'un précipice dans lequel elle s'apprête à me pousser. *Bye bye la copine angoissée, à elle la belle vie new-yorkaise !* J'essaie de me rassurer, en misant sur l'incohérence géographique que constituerait la présence d'un précipice en plein cœur de Times Square.

— Tu es prête, Lola ? On va sortir de l'hôtel. Concentre-toi d'abord sur les bruits que tu vas entendre. Et quand tu le sentiras, tu pourras retirer le bandeau.

J'acquiesce en silence. Ginger me tire encore un peu vers l'avant, j'entends qu'elle pousse une porte, le sol change de nature sous mon pied, nous sommes dans la rue. Ce qui me frappe en premier, c'est cette chaleur écrasante qui me tombe dessus. Le contraste avec la climatisation de l'hôtel est si fort qu'il en est presque désagréable. Je sens la sueur se former à la base de mon cou et commencer à couler le long de ma colonne vertébrale. Je devine qu'il y a beaucoup de monde autour de nous. Le brouhaha est intense. Je capte quelques mots par-ci par-là, j'entends des éclats de rire, des éclats de voix.

— Les gens doivent nous regarder bizarrement, non ? Toi me tenant les mains, moi avec un masque de soie rouge sur les yeux.

— Je ne pense pas me tromper en t'affirmant que personne ne nous regarde. Tout le monde se contrefiche de nous, de moi qui te tiens les mains, de toi avec ton bandeau de satin. On est à Times Square, même si tu étais affublée d'un bandeau en plumes blanches, tu serais toujours plus discrète que le *naked cow-boy* qui se trouve à cinquante mètres de moi.

Et soudain retentit cette sirène typique des États-Unis, celle qui provient de leurs camions de pompiers, ainsi que de leurs véhicules de police, j'imagine. Une sirène au son puissant qui me fait sursauter. Je m'attendais à entendre des coups de klaxon, des bruits de moteur. Il n'en est rien et c'est déstabilisant.

— J'entends les sirènes, pourtant c'est comme s'il n'y avait pas de voitures... Je suis devenue sourde à cause de l'avion ou je n'entends quasiment aucun moteur ?

— Hormis des taxis jaunes, il y a très peu de voitures de particuliers, en effet. Ce n'est pas ton ouïe qui débloque, c'est étonnamment peu bruyant. Et bonne nouvelle, qui rassurerait ta mère : il y a des voitures de flics à tous les coins de rue. De là où je suis, j'en aperçois au moins quatre. Comme elle avait peur que tu te fasses agresser ou je ne sais quoi de pire encore, tu vas pouvoir lui dire de se détendre.

Mon pouls, bien plus rapide que la normale il y a quelques minutes, commence à ralentir. Mes oreilles s'habituent aux bruits, je sens les muscles du bas de mon dos se détendre. Ginger ne m'a pas lâché les mains.

— Je crois que je suis prête.

D'un geste sec, j'enlève le bandeau qui me couvrait les yeux et les ouvre sans attendre. J'ai beau connaître le lieu pour l'avoir vu dans des tonnes de films et de reportages, je ne peux m'empêcher d'avoir un mouvement de recul devant la vision qui s'offre à moi. Cette débauche de panneaux publicitaires lumineux, leur taille, le défilé incessant des textes et des images... Pas de doute, nous sommes bien en plein cœur de Times Square.

— C'est...

— Impressionnant, hein !

— J'aurais dit « écologiquement inquiétant », mais « impressionnant », ça marche aussi.

Je tourne sur moi-même, le nez en l'air pendant quelques minutes, subjuguée par ce ballet de lumières. La nuit est tombée depuis un moment déjà, mais l'endroit grouille de monde.

— C'est donc réel. Je suis bien à New York.

L'émotion qui me submerge est inattendue. Je ne cherche pas à retenir les larmes qui inondent aussitôt mes joues.

— Ça ne va pas ? s'inquiète Ginger. J'étais pourtant certaine qu'en y allant doucement, un sens à la fois... Tu veux qu'on retourne dans la chambre ?

— Tu n'y es pas du tout... Je suis heureuse. Ce sont des larmes de joie. J'ai réussi, Ginger. Je suis montée dans ce foutu avion, j'ai tenu pendant ces longues heures de vol, je ne me suis pas évanouie lors du contrôle de sécurité à l'aéroport – sans doute le second moment le plus terrifiant de ma vie après la mort de mon frère –, et maintenant, je suis là, dans une rue de New York, à respirer un autre air que celui que je respire depuis près de quarante ans.

— Tu peux être fière de toi. Je le suis en tout cas.

Elle est sincère. Je le lis dans son regard. Ginger, ma meilleure amie malade, qui, elle, a pris cet avion sans perspective de vol retour, est fière de moi parce que je suis parvenue à sortir d'un hôtel. Même si je sais que nos situations n'ont rien à voir l'une avec l'autre, qu'il n'y a pas de hiérarchie à faire, j'ai honte soudain. Honte d'être le centre de l'attention alors que ce voyage, c'est pour elle que je le fais. Ginger n'est pas là pour se concentrer sur moi, elle n'en a pas le temps.

— Et si on allait boire un verre pour fêter ton immense victoire sur toi-même ? me propose-t-elle.

— Si tu veux. Mais d'abord, je veux aller là où ça va se passer. Je veux voir ces théâtres qui faisaient briller tes yeux d'adolescente, ces théâtres qui vont bientôt accueillir une nouvelle chanteuse venue tout droit de France. Je veux voir le Broadway de tes rêves.

GINGER

Au final, ce n'était pas une très bonne idée de choisir un hôtel à Times Square. Tout ce bruit, ces lumières, cette foule, c'est beaucoup plus que Lola ne peut en supporter. Je sens qu'elle prend sur elle, mais, agrippée comme elle est à ma main, il n'y a guère de doute, elle est terrorisée. Je voulais attendre d'être sur place pour chercher un petit appartement à louer ou à sous-louer. En préparant ce voyage, je suis tombée sur tellement de témoignages de gens qui se sont fait avoir, qui pensaient avoir loué un bien et ont découvert au pied de l'immeuble qu'il s'agissait en réalité d'une arnaque. Je ne voulais pas courir ce risque. Au moins, sur place, on peut vérifier la véracité des annonces, on mesure mieux les distances et l'emplacement, et surtout, on peut visiter l'appartement en question. Je pensais nous laisser quelques jours à faire les touristes avant de me pencher sur cette partie logistique. Je m'y pencherai finalement dès qu'il fera jour demain. Lola a besoin d'un lieu refuge qui lui permette de se sentir chez elle. Et puis, il lui faut un endroit où elle puisse travailler. Si je suis libre de ce point de vue-là, je ne dois pas oublier que ce n'est pas son cas. Je sais qu'elle a travaillé deux fois plus avant notre départ pour se dégager du temps, mais ça ne durera pas.

Les yeux rivés sur le plan qu'elle tient à présent dans ses mains, Lola est concentrée. Je l'observe lever les yeux, tourner la tête à droite puis à gauche avant de revenir sur son plan.

— Nous avons donc 220 rues orientées est et ouest et 12 avenues orientées nord et sud. La Cinquième Avenue est le repère qui sépare l'est et l'ouest, m'explique-t-elle. Chaque adresse contient l'indication de direction. Comme ça, ça a l'air assez simple, c'est un peu comme un damier géant. Tu as l'adresse de ton théâtre St. James ?

— Attends, je cherche. St. James Theatre, St. James Theatre, je psalmodie en faisant défiler la liste de l'application que j'ai téléchargée. Il est au 246 West 44th Street.

— OK. Alors, vu que nous sommes sur la 45th Street actuellement, ça ne doit pas être loin. Les numéros des *streets* vont en décroissant quand on se dirige *Downtown* et montent quand on va *Uptown*. En toute logique, il faut donc que nous descendions. C'est par là ! Enfin, je crois…

Je lui fais confiance et la suis. Très rapidement, nous nous retrouvons sur la 44e Rue.

— Numéro 246, à ton avis, gauche ou droite ?
— Je dis… Droite !

Lola tourne donc, fait quelques pas le nez en l'air avant de valider.

— C'est bon, on est dans le bon sens. Ça ne devrait pas être loin.

En effet, au bout d'à peine cinq minutes de marche, nous y sommes. Avec sa grande enseigne bleue verticale, le théâtre historique de Broadway se dresse devant moi et mes yeux se remplissent de larmes. Je pense aussitôt à ma mère. Avec le Carnegie Hall, le St. James était la référence pour elle. À l'affiche en ce moment, *New York, New York*.

— *Start spreading the news, I'm leaving today, I'm gonna be a part of it, New York, New York*, je ne peux m'empêcher de chantonner à voix basse.

— Ça parle de quoi, cette pièce ?
— Aucune idée. Pour une fois, c'en est une que je ne connais pas. Hormis cette chanson, évidemment.

Nous faisons quelques pas et nous arrêtons devant le Majestic Theatre, qui joue le célèbre *Fantôme de l'Opéra*.

— Tu savais que cette comédie musicale est programmée dans ce théâtre depuis 1988 ? Elle détient le record de longévité.

— Je l'ignorais, me répond Lola. C'est étrange qu'une ville comme New York qui évoque la modernité et la démesure ait conservé une telle tradition de spectacles musicaux. Dans cette rue, on a davantage l'impression d'être au XIXe siècle, que dans une mégalopole du XXIe. On pourrait presque s'attendre à voir apparaître des fiacres tirés par des chevaux.

Partout où l'on regarde, il y a des théâtres, des affiches de spectacles, des enseignes lumineuses qui incitent à pousser les portes. Je n'avais jamais rien vu de tel.

— Regarde, Ginger ! s'écrie Lola, il y a une école de danse ! Le Broadway Dance Center. Ça en jette. Il faut qu'on se renseigne pour t'y inscrire. Il y a souvent des parties dansées dans les castings, il faut mettre toutes les chances de ton côté, la concurrence pour devenir une star doit être rude.

Cette école de danse a une réputation internationale. De nombreux professeurs qui y enseignent sont des célébrités dans leur domaine, comme Derek Mitchell. Latin jazz, street jazz Broadway, merengue... Autant de danses dont je découvre le nom. Je prends soudain conscience de mon inconséquence, de l'absurdité de ma présence ici. Je n'ai ni le niveau, ni le réseau, ni, et c'est le pire, la moindre idée de par où commencer. À croire que Lola devine ma panique, car elle me prend la main.

— Un pas après l'autre, Ginger, c'est ce que tu m'as dit tout à l'heure ? Un pas après l'autre.

Elle ponctue sa phrase d'un bâillement à s'en décrocher la mâchoire, puis poursuit :

— Alors, je te propose que le prochain petit pas nous ramène à l'hôtel. Nous avons toutes les deux besoin d'une bonne nuit de sommeil. C'est toi qui as raison, Ginger, demain, il fera jour.

— 9 —

> « *Touch me, it's so easy to leave me, all alone*
> *with the memory of my days in the sun*
> *If you touch me, you'll understand what*
> *happiness is, look a new day has begun.* »
>
> **« Memory »** – *Cats*

GINGER

J'ai rêvé de ma mère cette nuit. Cela ne m'était pas arrivé depuis des années. J'ai rêvé qu'elle était là avec moi, dans les rues de New York, s'extasiant devant chaque façade d'immeuble, chaque escalier, chaque porte. J'étais redevenue une petite fille de douze ans, nous nous tenions par la main. À un moment, elle m'a demandé de ne pas bouger et de l'attendre, elle avait un grand sourire et un regard malicieux. J'ai obtempéré, je l'ai vue disparaître au coin d'une rue, j'ai attendu sans m'inquiéter puis, au fil des minutes, une boule d'angoisse est venue se loger au fond de mon estomac. N'y tenant plus, je me suis mise à courir pour la retrouver, son prénom au bord des lèvres. Mais plus je courais, et plus le coin de la rue s'éloignait. Impossible de la rejoindre. Elle m'avait laissée à nouveau. Je l'avais perdue à nouveau. Je me suis réveillée en sursaut, les joues baignées de larmes et depuis, impossible de me rendormir. J'ai l'impression que ça fait des heures.

— Bien dormi ? je demande à Lola qui finit par émerger et s'étire, non loin de moi.

C'est l'avantage de ces immenses lits américains. Même en les partageant, on a l'impression de dormir seule.

— Comme une masse. J'ai vécu hier les émotions et les angoisses d'au moins cinq journées réunies, alors je crois que je me suis endormie avant même de poser la tête sur l'oreiller. Et toi ?

— J'ai rêvé de ma mère. Elle était ici, avec moi. Et puis, elle disparaissait.

— Oh…

— Quand elle est morte, je rêvais d'elle presque chaque nuit. Je me souviens que je me couchais tôt pour la retrouver au plus vite, comme avant, assise sur le canapé à côté de moi. C'était souvent le même scénario, elle et moi regardant un épisode d'une de ses séries favorites, en silence. Ça me suffisait de sentir sa présence… Et puis, au bout de quelques semaines, plus rien. Même ce réconfort m'a été enlevé. Je me suis demandé ce que j'avais bien pu faire de mal pour être punie comme ça. Je n'ai jamais trouvé de réponse.

— C'est peut-être sa manière de t'encourager, de te dire que tu as eu raison de venir ici pour tenter de réaliser ce à quoi tu aspirais quand elle était encore avec toi ?

— Ou alors, ce sont les métastases qui commencent à me filer des hallucinations, lancé-je pour plaisanter.

Plaisanterie qui n'est pas du tout au goût de Lola, vu sa tête et ses yeux qui se remplissent de larmes instantanément.

— Je... je vais mourir, Lola, je reprends d'une voix douce en m'approchant d'elle pour lui prendre la main. Je le sais, et tu le sais. Je t'ai interdit de prononcer certains mots. C'était une erreur. Je n'ai pas envie que ce cancer soit un tabou ou quelque chose qui rôde sans qu'on puisse le nommer. Je veux pouvoir en plaisanter ou le maudire au besoin. Il est dans mes bagages, hélas, et fait partie intégrante de cette aventure. Dis-moi que tu comprends...

Elle me fixe sans sourciller, puis un léger sourire se dessine enfin sur son visage.

— Je ne sais pas ce qu'il en est pour toi et Herbert le Cancer, par contre moi, je meurs de faim. Le buffet du petit-déjeuner a l'air démentiel dans cet hôtel. On se douche vite fait et on descend ?

— Herbert ?

— J'aime bien donner des noms aux choses, ça m'aide à les apprivoiser et à les rendre moins angoissantes. Tu n'aimes pas Herbert ? Parce que ça peut aussi être Homer, Philibert ou encore Dexter.

— Dexter... C'est pas le nom d'un gars dans une série, un psychopathe qui tue plein de gens ?

— Il me semble que si. Ce serait de circonstance...

— Un peu trop morbide pour le coup. Je préfère Herbert. Ça fait plus chanteur des années 1980. C'est un cancer qui va me tuer tout en me fredonnant des chansons d'amour, va pour Herbert !

* * *

— Tu vas réussir à manger tout ça ? je demande à Lola qui revient avec une nouvelle assiette débordant cette fois de fruits en tout genre : pastèque, ananas, suprêmes d'orange.

— Ça va avec l'anxiété. Mine de rien, ça pompe de l'énergie d'être angoissée, il ne faut pas croire. Et du coup, après une bonne crise, je me sens affamée, m'explique-t-elle en cherchant de la place pour poser son butin, à côté de l'assiette de muffins et de mini-donuts, et de celle digne d'une parfaite Américaine à base d'œufs sur le plat, de bacon grillé et d'une gaufre noyée sous le sirop d'érable.

Avec mon café tiède contenant plus d'eau que de café – et sans sucre par-dessus le marché –, je fais pâle figure à côté d'elle. Pour Lola, choisir c'est renoncer et renoncer, c'est angoisser. Alors, devant tant de choix, elle a dû préférer économiser de l'énergie en prenant un peu de tout, histoire de ne pas commencer la journée en ayant déjà puisé dans ses réserves. Moi qui n'ai jamais, ou pas que je me souvienne, éprouvé d'anxiété, il m'a fallu du temps pour comprendre le fonctionnement de mon amie. Je me doute que j'ai parfois dû faire preuve d'injustice et être désagréable en cherchant à la pousser dans ses retranchements. Je me suis toujours excusée dans ces moments-là et à présent, j'ai compris qu'il n'y avait qu'elle qui pouvait dire ce qu'elle était en mesure de faire ou non. Quand elle dit qu'elle ne peut pas, c'est la réalité, sans manigance ni manipulation de sa part pour obtenir autre chose.

— Bon appétit, alors !

— Merci, me dit-elle en avalant une gorgée d'eau détox à base de je-ne-sais-trop-quoi. Qu'est-ce qu'on fait sinon, aujourd'hui ? On commence à taper à la porte de tous les théâtres pour essayer d'obtenir un contact ? s'emballe-t-elle.

— Aujourd'hui, on est dimanche et même à New York, on apprécie de ne pas travailler le week-end. Nos recherches peuvent attendre demain. Offrons-nous une journée complète en mode touriste. Après tout, c'est aussi ce que nous sommes un peu. De quoi aurais-tu envie ?

— J'irais bien me promener à Central Park, il fait beau et ce parc est un incontournable de New York... Avec un peu de chance, on croisera ces gros écureuils gris qui peuplent la ville.

— Et ensuite tu vas me dire que tu veux dévaliser les boutiques sur la 5ᵉ Avenue ? je la charrie gentiment.

— Oh, tu sais... moi, les fringues... Tant qu'elles sont noires et confortables, je ne suis pas une très bonne cliente. Non, j'ai juste envie de voir, de ressentir l'atmosphère qui règne ici. Et pour ça, rien de tel que de se balader dans les rues le nez en l'air.

LOLA

« Rien de tel que de se balader dans les rues le nez en l'air. » Tu parles, la vérité, c'est que j'ai une peur bleue de prendre le métro. Je n'ai jamais eu à le faire en France, ce n'est pas pour m'y jeter comme dans la gueule du loup à peine arrivée à New York.

Heureusement pour moi, tous les guides touristiques me donnent raison. Cette ville doit se découvrir à pied. Central Park, par ailleurs, n'est vraiment pas très loin de notre hôtel.

Les sacs à dos chargés en produits antimoustiques, anti-piqûres, anti-tout-ce-qui-pourrait-arriver, nous nous mettons en route. Nous remontons la 6e Avenue et nous apercevons vite, dans la perspective au loin, les premiers arbres qui marquent l'entrée de ce parc rectangulaire, cerné par les gratte-ciel de toutes parts. C'est comme si l'extrême modernité avait choisi de préserver un espace vert, tout en cherchant à contrôler, à encadrer son expansion. Comme si la ville disait à la nature : « Je te laisse cet endroit, mais ne t'avise pas de grignoter autour un peu plus chaque année, je t'ai à l'œil. » Et au milieu de cet écrin de verdure, un lac, dont les eaux cristallines reflètent le ciel bleu sans nuages.

Je ne peux en détacher le regard. C'est si beau.

— Regarde, on peut faire un tour en barque ! s'exclame Ginger en me montrant un embarcadère en bois sur lequel sont attachées de ravissantes petites barques vertes. Ça te dit une balade sur l'eau ?

Je préfère avoir les deux pieds sur terre, mais la barque semble malgré tout être un moyen de transport relativement inoffensif. Qui plus est sur un lac. Et, je me sens... bien. Je le réalise soudain. Je suis détendue, j'ai l'impression d'être à l'abri de tout ici. Alors, j'acquiesce.

Embarquer dans ce frêle esquif est moins simple qu'il n'y paraît de prime abord, rapport à l'absence de stabilité de l'eau. Il nous faut quelques minutes, entrecoupées d'éclats de rire, pour réussir à prendre place

à bord sans qu'aucune de nous ne termine dans le lac
– un exploit. Et nous voilà parties ! Enfin, « parties »
est un bien grand mot... Notre cadence et notre force
de pagayage étant somme toute inégales, nous faisons
plutôt des ronds dans l'eau, gagnées cette fois par un
fou rire irrépressible. Je finis par confier ma rame à
Ginger afin d'éviter que nous restions à tourner autour
de l'embarcadère, tels des canetons en manque de
repères cherchant en vain le moyen de gagner le large.

Cette fois, nous voilà vraiment parties. En quelques
coups de rame, nous sommes lancées. Partout où se
posent mes yeux, j'aperçois des arbres majestueux qui
semblent tous plus ou moins centenaires – certains si
larges qu'ils se referment les uns sur les autres de part
et d'autre des allées, formant comme un toit en dessous
duquel aiment courir les joggers –, de la verdure, des
massifs fleuris. C'est si calme. Ça ne m'étonne pas
que les habitants de cette ville soient autant attachés
à ce lieu.

Une colonie de canards vogue non loin de nous.
Je me détends et respire à pleins poumons. Soudain,
au détour d'un coup de rame, apparaît devant nous le
Bow Bridge, ce long pont qu'on voit dans tous les films
romantiques.

— C'est pas sur ce pont que Peter Parker s'apprête
à faire sa demande en mariage à Angie et qu'elle le
quitte ? s'interroge Ginger.

— Intéressante cette référence cinématographique.
Bien loin de l'univers des comédies musicales !

— Il faut varier les plaisirs...

— En ce qui me concerne, je pensais plutôt à un
film plus romantique comme *Un automne à New York*

avec Wynona Rider et Richard Gere. Ou encore à cet épisode de *Glee* dans lequel Finn attend Rachel avec un bouquet de fleurs.

— Je préfère Spiderman, me rétorque Ginger. Tobey Maguire est tellement sexy dans son costume d'araignée.

— Et Richard Gere alors ? Si ça ce n'est pas un homme sexy, je ne sais pas ce qu'il te faut ! m'offusqué-je.

— Il a au moins quatre-vingt-dix-sept ans, non ?

— Tu exagères, il n'est pas si vieux. Alors que ton Tobey machin chose, là, il a l'air d'avoir quatorze ans. Je suis sûre que tu enfreindrais une douzaine de lois en couchant avec lui.

Elle rit. Nous passons sous le pont. Puis Ginger se met à fredonner à voix basse :

— *Start spreading the news, I'm leavin' today, I want to be a part of it, New York, New York.*

Je l'écoute en silence, subjuguée comme à chaque fois, par la beauté de sa voix. Petit à petit, elle chante plus fort, elle s'anime, pour ne pas dire s'enflamme avec ses rames que je réussis néanmoins à lui subtiliser avant que son énergie ne nous fasse chavirer. Et je la rejoins sur les dernières paroles, pour une fois que je les connais :

— *And if I can make it there, I'm gonna make it anywhere, it's up to you, New York, New Yooooooooooooork.*

Je donne tout ce que j'ai, fais durer la note jusqu'au décès de mes poumons. Moi, Lola, je viens de chanter, ailleurs que dans ma salle de bains, donc en présence

d'un tas de personnes susceptibles de m'entendre…
Notre aventure américaine est définitivement lancée.

* * *

— Tu ne trouves pas que ce nuage ressemble à un éléphant sur une moto ? me demande soudain Ginger, me tirant de ma somnolence.

Après notre balade en barque, nous avons acheté deux salades avocat-homard au *Loeb Boathouse* en prévision de notre pique-nique à venir, puis nous avons arpenté les allées du parc, à la recherche des écureuils qui, à mon grand regret, n'ont pas voulu montrer le bout de leur museau moustachu. Nous sommes montées sur l'*Empire Rock* pour profiter de la vue panoramique sur les buildings, avons admiré la fontaine de Bethesda et sa statue d'ange de l'eau au sommet, avec une nouvelle fois cette sensation d'être propulsées au beau milieu d'un film, cherchant presque Kevin McCallister et la dame aux pigeons du regard.

Malgré moi, j'ai pensé à ma mère. Je me suis dit qu'il fallait que je lui envoie un message. Avant que je n'embarque dans l'avion, elle m'a fait promettre de lui écrire des textos deux fois par jour sous peine de révision de son testament. Allongées dans l'herbe, après avoir englouti nos salades, nous sommes restées silencieuses jusqu'à la question incongrue de Ginger.

— Un éléphant sur une moto ? C'est le homard qui te donne des hallucinations pareilles ?

— Mais, si, regarde, là, insiste-t-elle. On dirait bien une trompe d'éléphant, et ce truc en dessous, une moto. Même si maintenant, ça ressemble plus à une trottinette.

C'est de ta faute aussi, tu n'as pas été assez rapide. Évidemment que ça ne ressemble presque plus à rien, soupire-t-elle, dépitée.

À côté de nous, un groupe d'une dizaine d'amis s'amusent et rient à gorge déployée, quand tout à coup l'un d'entre eux entraîne une fille à l'écart, avant de mettre un genou à terre pour la demander en mariage. Tout le monde retient son souffle, suspendu aux lèvres de la fille dont le sourire ne trompe pas. Le baiser remplace la réponse et elle se jette à son cou. Surgit alors de derrière un énorme bosquet une fanfare de musiciens en costume blanc rayé de rouge, sans doute commandée par le futur époux, planquée là depuis peut-être des heures dans une position inconfortable, dans l'attente d'un signe de sa part.

J'applaudis, émue aux larmes comme si je connaissais le couple en question. Je me tourne vers Ginger. Mon amie s'est endormie, la main sur l'estomac, une jambe relevée. Ce n'est pas le bruit qui manque pourtant, mais Ginger ronflotte.

Je m'apprête à la réveiller pour me moquer d'elle, mais quelque chose cloche et suspend mon geste. C'est sa mâchoire. Elle est crispée. Comme si… elle souffrait. Une goutte de transpiration perle sur son front. Soudain, c'est tout son corps qui se raidit. Sa main agrippe l'étoffe de son tee-shirt. Je suis tétanisée, incapable de savoir s'il faut que j'intervienne ou non. Et puis, d'un coup, la tension se dissipe, sa mâchoire ainsi que sa main se détendent, son corps s'apaise.

Nous sommes à New York, ce serait magique pour n'importe qui. Ça ne l'est pas pour Ginger. Parce qu'elle est malade et qu'il ne lui reste peut-être plus beaucoup de temps.

* * *

Je n'ai pas pu préparer ce voyage comme je l'aurais voulu : à la manière de la mère de Ginger, en étudiant tous les quartiers, en épluchant les guides touristiques, en notant avec précision chaque adresse, chaque restaurant, chaque lieu à visiter... Dans l'idéal, il m'aurait bien fallu six mois pour organiser notre périple, en optimiser – pour ne pas dire sécuriser – chaque minute. J'ai à peine eu trois jours. Malgré cela, le restaurant *Ellen's Stardust Diner* est toujours sorti dans mes résultats de recherche, je n'ai donc pas hésité quand Ginger m'a demandé si j'avais une envie particulière pour le dîner. L'endroit est bondé, mais le serveur qui nous accueille réussit à nous dégoter une petite table au bout de quelques minutes d'attente seulement. Nous prenons place sur des banquettes en cuir de couleur rouge avec cette impression d'avoir fait un bond dans le passé, époque *Happy Days* et années 1950. Les photos des icônes rock affichées partout sur les murs du restaurant jouent à fond la carte de cette nostalgie.

— Ici, tous les serveurs sont des chanteurs professionnels, j'explique à Ginger. Chaque année, certains sont repérés par des dénicheurs de talents et font ensuite carrière à Broadway. C'est pratique quand on y pense, hop, il y a juste à traverser la rue. Une fois qu'on aura dîné, on pourrait les interroger sur la manière de s'y prendre pour décrocher un rôle au théâtre... Peut-être qu'on aura la chance d'obtenir les coordonnées d'un producteur !

Je m'emballe. C'est plus fort que moi, je suis submergée par l'ambiance, l'effervescence du lieu.

Ginger, elle, a les yeux rivés sur la carte, mais je peux deviner aux palpitations des veines de son cou qu'elle est tout aussi excitée que moi. Je ne lui ai rien dit sur l'épisode du parc tout à l'heure. Je n'ai pas réussi à trouver les mots. Cette découverte que Herbert, malgré son nom charmant, la fait souffrir ne quitte pas mon esprit.

Après étude de la carte, nous commandons toutes les deux – enfin, c'est le choix de Ginger, moi je me contente d'acquiescer, bien trop heureuse qu'elle n'ait pas des goûts trop bizarres – un *Brooklyn Pride*, un bagel arc-en-ciel à base d'œufs brouillés et de fromage américain fondu, ainsi qu'un *Hot Fudge Milkshake* vanille et sauce chocolat. Soudain, les premières notes de *Blame it on the Boogie* retentissent, déclenchant les applaudissements et les acclamations des clients. À quelques tables de nous, un serveur se met à chanter ce tube des Jackson Five, accompagné par tout le restaurant. Ginger sourit jusqu'aux oreilles, les yeux brillants. Et moi, je suis heureuse pour elle. Embarqué dans sa chanson, le serveur grimpe sur une banquette et nous invite à répéter après lui.

« *Sunshine. Moonlight. Good times. Boogie.* »

Sa voix est magnifique et son énergie si communicative que nous n'accordons pas le moindre regard à la serveuse qui dépose les plats devant nous.

— Je me disais que ça devait être sympa ce restaurant, mais j'étais loin de me douter de cette ambiance, et de la qualité des chanteurs. Tu as vu comme il envoie, ce type ? dis-je à Ginger tout en attrapant ma fourchette et mon couteau.

— Oh ! Vous êtes françaises ! *Gorgeous!* Voilà qui va me permettre de parler avec d'autres gens que ma mère, pour une fois, lance la serveuse avant de rire.

— Votre mère est française ? lui demande Ginger, plus par politesse que par intérêt, me semble-t-il, car toute son attention est captée par le spectacle.

— Oui. Elle est venue en voyage aux États-Unis, ici à New York. Elle est tombée amoureuse de mon père et n'est jamais repartie. Je suis née ici, mais depuis toujours ma mère parle à moi en français. Et mon père en anglais. Ils vivent à Boston, alors je ne les vois plus beaucoup. C'est dommage, je pense qu'aujourd'hui, je ne connais plus très bien mon français. Alors, je suis heureuse de parler avec vous ce soir. Vous me corrigez si je fais des *mistakes*, n'est-ce pas ? nous demande-t-elle avec enthousiasme et une visible sincérité. Moi, c'est Joannie.

— Enchantée, Joannie, je suis Ginger et voici mon amie Lola.

Elle termine de disposer nos verres, ainsi que le pain que nous lui avions demandé, quand soudain, c'est son tour. Elle réajuste son micro-casque et entonne une chanson que je connais, mais dont je suis incapable de retrouver l'interprète. Je suis aussitôt fascinée par l'aisance de Joannie, tant sur le plan vocal qu'artistique. On dirait qu'elle nous raconte une histoire, et que c'est d'une simplicité enfantine pour elle. Quand elle pousse sa voix et que les dernières notes de la chanson s'envolent, je suis submergée par l'émotion et ne peux retenir mes larmes. C'est, je crois, la première fois qu'une performance vocale me bouleverse autant. La musique s'arrête et j'applaudis avec ardeur, ce qui fait rire Ginger. Joannie revient alors vers nous, tout sourires et reprend, comme si de rien n'était, son rôle de serveuse.

Je cherche en vain les mots pour lui exprimer ce que j'ai ressenti en l'écoutant.

— C'était… extraordinaire. Vous chantez si bien. On aurait dit une vraie chanteuse. Non pas qu'en travaillant ici, vous n'êtes pas une vraie chanteuse, ce n'est pas ce que j'ai voulu dire, bafouillé-je. En fait, c'est comme si vous étiez sur une vraie scène.

Je me sens rougir comme une tomate au soleil. Et complètement cruche. Ginger, elle, reste silencieuse, mais ne rate pas une miette de ce désastre. Le sourire qui envahit le visage de Joannie fait briller ses yeux.

— Je vous souhaite une bonne appétit, nous dit-elle avec un clin d'œil avant de se diriger vers les deux portes battantes qui doivent mener à la cuisine.

— Eh bien… Elle te fait de l'effet, cette Joannie.

Je vire au cramoisi.

— N'importe quoi. C'est juste que j'ai trouvé qu'elle chantait incroyablement bien. Pas toi ?

— Si, si bien sûr. « Incroyablement bien », répète Ginger. Et en plus, elle est très jolie.

— Ah oui ? Je n'ai pas fait attention.

Cette fois, Ginger éclate de rire. Vexée, je coupe un bien trop gros morceau de mon bagel que j'enfourne tel quel dans ma bouche, avant de m'étouffer à moitié.

— Bois ça, dit Ginger en me tendant un verre d'eau fraîche.

Il me faut quelques minutes pour me reprendre.

— Pardon, je ne voulais pas te mettre mal à l'aise, s'excuse mon amie.

— Tu n'as pas à t'excuser. Si tu m'avais mise mal à l'aise, et ce n'est pas le cas, tu pourrais me demander pardon, mais tu n'as rien fait de mal.

Nous sommes interrompues par les notes d'une nouvelle mélodie. Cette fois, c'est à l'autre bout du restaurant qu'un serveur monte sur une table pour faire son show, l'occasion parfaite pour changer de sujet de conversation.

— Je me disais qu'on pourrait aller t'inscrire dans cette école de danse devant laquelle on est passé hier. Si proche des théâtres, il y a forcément des danseurs, voire des chanteurs, qui s'y entraînent. Qu'en dis-tu ?

— Ça me semble être une bonne idée. En espérant qu'il n'y ait pas de test de niveau pour intégrer un cours.

— Pourquoi ?

— Je suis nulle. Mais alors, nulle de chez nulle. Souple comme une barre de fer et gracieuse comme une vache laitière. Si tu ajoutes à cela la coordination d'une pomme de terre, tu approcheras de mon niveau en danse.

— La coordination d'une pomme de terre ? demandé-je avant d'éclater de rire à mon tour.

— Oui, je n'ai rien trouvé de mieux comme comparaison. Tu ne visualises pas une pomme de terre en reine du dancefloor ? C'est normal, parce qu'une pomme de terre, dans le meilleur des cas, ça se transforme en frite et une frite, ça ne danse pas.

Voilà qui nous promet un grand moment demain.

— 10 —

> *« Doe, a deer, a female dear,*
> *Ray, a drop of golden sun*
> *Me, a name I call myself*
> *Far, a long long way to run*
> *So, a needle pulling thread*
> *La, a note to follow sew*
> *Tea, a drink with jam and bread*
> *That will bring us back to Doe. »*
>
> **« Do-Re-Mi »** – *The Sound of Music*

GINGER

Maintenant que nous sommes devant le Broadway Dance Center, et sa grande façade rouge, je suis à deux doigts de me déballonner. Tant de danseurs aujourd'hui célèbres sont passés par ici, je me sens à ma place comme un éléphant dans un magasin de porcelaine.

Si encore il n'y avait que ça… Je n'en parle pas à Lola pour ne pas l'inquiéter, mais depuis notre arrivée, une douleur intercostale ne me quitte pas. Elle est là à chaque pas que je fais, elle accompagne chacune de mes respirations. Cette nuit elle m'a empêchée de trouver le sommeil. C'est comme un point de côté qui ne passe pas.

Ce n'est peut-être rien du tout, un faux mouvement, une simple contracture à laquelle une personne en bonne santé ne prêterait guère attention. Mais c'est peut-être aussi le début du compte à rebours. Je n'ai pas demandé à mon oncologue comment les choses allaient évoluer sans traitement, ou pour être tout à fait honnête, je n'ai pas écouté ce qu'il m'a dit. Je ne veux pas avoir une idée précise du temps qu'il me reste. Je ne veux pas entamer un décompte morbide qui consisterait à barrer d'un trait chaque journée qui passe, jusqu'au cercle rouge sur le calendrier marquant la dernière. Tant pis si je suis prise par le temps.

— Quand je disais hier que ce serait bien d'aller voir le centre de danse, je pensais faire un tour à l'intérieur, pas uniquement regarder l'extérieur. C'est vrai que ce rouge est magnifique. Maintenant que nous l'avons bien en tête, on pourrait peut-être entrer ? suggère Lola en me sortant de ma torpeur. Ne me dis pas que tu as la trouille ? Parce que dans notre duo, c'est moi l'angoissée de service, toi, tu es celle qui n'as peur de rien.

— Je n'ai pas la trouille, j'adresse une prière au dieu du rythme. Sait-on jamais, qu'il décide de m'accorder de la souplesse pour le temps qu'il me reste à vivre.

Lola blêmit, mais ne répond rien. Elle fait quelques pas et pousse la porte d'entrée.

— Après vous, madame la future star de Broadway !

* * *

Est-ce une bonne idée de démarrer tout de suite avec des claquettes ? Avec la mention « débutants », je pensais que les premières heures, les pas se feraient pieds nus et qu'une fois ceux-ci acquis, et uniquement à ce moment-là, on enfilerait ces étranges chaussures à semelles métalliques. Il faut croire que la pédagogie n'est plus ce qu'elle était. Nous sommes une petite dizaine, réunies dans une grande salle de danse aux murs couverts de miroirs, histoire de sentir que tu es nulle, et d'en avoir en plus la preuve par l'image.

— Prépare-toi à assister à du grand Ginger, je murmure à l'oreille de Lola au moment où le professeur fait son entrée dans la salle. Tu vas m'en vouloir pendant longtemps ? je lui demande après quelques secondes. Et si je joue la carte de la cancéreuse, est-ce que ça peut aider à me faire pardonner ?

— Je t'interdis de jouer cette carte, souffle Lola. Ne mêle pas Herbert à cette histoire.

Elle regarde ostensiblement droit devant elle, je devine que je suis en train de gagner la partie au sourire qui se dessine sur son visage et qu'elle essaie de réprimer. Ce n'est tout de même pas ma faute s'il y avait un tarif préférentiel pour une inscription double.

— Je suis sûre que ça va être super et puis ça nous fera un souvenir, j'ajoute pour enfoncer le clou.

— Quand tu seras devenue une star, j'espère qu'il y aura toujours une place pour moi au premier rang pour chacun de tes spectacles...

— Promis ! lancé-je avant de grimacer de douleur et d'essuyer la sueur qui perle sur mon front.

S'il vous plaît, laissez-moi encore un peu de temps...

— Les claquettes sont une danse percussive, commence à nous expliquer le prof de danse, dans un anglais tellement mâché qu'il en devient bouilli. Il y a une dizaine de pas de base avec lesquels on compose des chorégraphies, comme le *touch*, qui correspond à une frappe du devant du pied sur le sol avec le poids du corps sur l'autre jambe ou le *step* qui est comme un *touch* sauf que cette fois le poids du corps est sur l'avant de la chaussure au moment de la frappe, le tout sans poser le talon par terre.

C'est clair comme de l'eau de roche ! Je réprime à grand peine un fou rire. Lola, elle, est attentive et reproduit avec une certaine dextérité les pas présentés.

— ... Si vous voulez un pas avec deux sons, vous pouvez combiner le *step* avec le *heel* qui correspond à une frappe du talon. S*tep, heel, step, heel*, nous explique-t-il tout en tapant sur son avant-pied avant de terminer avec son talon. Le pas le plus connu, qu'il faut absolument maîtriser en claquettes, c'est le *shuffle*. Le *shuffle* correspond en fait à un double *brush*, on part du genou, on *brush* une première fois le sol vers l'avant et ensuite on *brush* une seconde fois assez rapidement vers l'arrière.

Un brunch ? En voilà une bonne idée, j'ai un petit creux... Je m'apprête à proposer cette virée culinaire à mon amie, mais j'y renonce devant son air concentré. Elle maîtrise le *shuffle* comme une pro.

D'autres pas sont présentés par le prof, le *ball change*, le *stamp*, le *toe*... et je comprends très vite qu'aucun dieu du rythme, de la claquette ou de la Miséricorde n'a daigné cesser ses activités en cours pour se pencher sur mon cas qui restera donc désespéré.

— ... à présent que vous maîtrisez tous les pas de base, je vous propose de les combiner dans une petite chorégraphie que j'ai élaborée. Vous allez voir, c'est tout simple. Ça fait *touch, touch, touch, step,* puis *brush, brush, brush, step, shuffle, shuffle, shuffle, toe, step, stamp, stamp, step, step, step, touch, step, touch, step, heel, heel, heel, heel, step, ball change, step, ball change* et marche !

C'est quoi après *touch* déjà ? Nan, mais laissez-moi là, je vais vous retarder. Je n'ai pas besoin de le préciser, c'est ce qu'ils font tous. La musique est lancée, ils sont en rythme, ne confondent pas leur *stamp* et leur *heel*. Moi, je tricote avec mes pieds si bien que je finis par perdre l'équilibre et par atterrir sur mon postérieur. Je cherche un soutien ou au moins un signe de compassion de la part de Lola, mais mon amie est concentrée sur la chorégraphie. On dirait qu'elle a fait ça toute sa vie, *step, heel, touch, ball change*, elle ne loupe pas un seul pas, n'en met pas un à côté. Petit à petit, son visage s'éclaire, ses traits se détendent et elle sourit comme rarement je l'ai vue sourire. Le prof ajoute des pas, des *dig*, des *flap*, des *scuff*, puis accélère la cadence. Je ne suis plus la seule affalée par terre, trois autres personnes sont venues me rejoindre. Nous admirons en silence ceux qui tiennent le coup et ne lâchent rien. Ils sont de moins en moins nombreux. Petit à petit, la cohorte des postérieurs au sol dépasse celle des tap dancers, jusqu'au moment où il ne reste plus que Lola... et Martin, le prof. Tous les deux s'accordent parfaitement. Martin énonce les pas, Lola les exécute en même temps que lui. Et c'est beau à voir. Quand la musique s'arrête, nous les applaudissons. Lola est à bout de souffle, pourtant elle irradie de bonheur.

LOLA

Épuisée, je ne comprends pas ce qu'il vient de se passer. Est-ce vraiment moi que je voyais danser en claquettes dans le miroir ? J'étais en colère contre Ginger, je lui en voulais de m'avoir mise dans cette situation – danser devant tout le monde, c'est au moins cinquante unités d'angoisse –, je me suis concentrée sur mes pieds, et rien que mes pieds. En priant de toutes mes forces pour ne pas être ridicule. Dès les premiers pas, les premières explications, je me suis sentie à l'aise. Moi, Lola, la dernière choisie quand il fallait constituer des équipes en sport au lycée. Moi, la fille qui tremble à l'idée de monter sur un tabouret, terrorisée par les vélos, j'étais là face à ce miroir, à taper le sol avec mes chaussures et à y trouver du plaisir. À quoi ça tient ? Je ne sais pas. C'est comme si tout mon corps était en terrain connu, comme si mes pieds ne m'appartenaient plus.

L'émotion est forte, j'essuie les quelques larmes qui coulent sur mes joues.

— Bah ça alors ! s'exclame Ginger. En réalité, tu fais des claquettes depuis que tu as huit ans et tu ne me l'as jamais dit ? Tu étais incroyable !

— Je te jure que c'est la première fois de ma vie que je porte ce type de chaussures. Je n'avais aucune idée de ce que pouvait être un *toe* ou un *heel* avant ce cours.

Je suis interrompue par le prof qui vient à son tour me féliciter. Lui aussi, comme Ginger, s'étonne de ma présence dans ce cours débutants et m'invite à le retrouver le surlendemain avec ses élèves confirmés. Visiblement, mon « c'est la première fois de ma vie que je porte ce type de chaussures » ne convainc personne. Ça ne m'était jamais arrivé d'être douée pour quelque chose. Je veux dire, comme ça, sans rien faire pour. Je crois être une bonne traductrice, mais c'est à force de travail et d'apprentissages que j'y suis arrivée. Jamais je n'ai pensé que je pouvais avoir un talent inné pour quoi que ce soit. C'est à la fois grisant et en même temps désagréable, comme si c'était une imposture.

— Si ça se trouve, tu as un lien de parenté avec Fred Astaire, me lance Ginger. C'est pour ça que toi et moi, on s'entend si bien. Fred et Ginger ont formé un couple mythique au cinéma pendant des dizaines d'années.

— Peut-être…

— Ça n'a pas l'air d'aller ?

— Je me sens… un peu bizarre, j'avoue. Pendant que je dansais, je n'ai pas ressenti la moindre anxiété, comme si mes pieds avaient réussi à déconnecter mon cerveau. C'était étrange… et merveilleux.

— C'est ce que je ressens aussi quand je chante. Il n'y a plus que ma voix et rien d'autre. J'avais oublié cette sensation d'abandon. Allez viens, on va fêter ça. C'est pas tous les jours qu'on rencontre la réincarnation de Fred Astaire !

* * *

Rien de tel qu'une bonne douche pour se remettre les idées en place et éloigner le sentiment d'euphorie. C'était sans doute la chance du débutant comme on l'appelle : la prochaine fois, je serai incapable de mettre un pied devant l'autre.

Dans le hall de l'école, alors que je suis redevenue moi-même, hésitante et angoissée, nous tombons par hasard sur Joannie, notre serveuse du *Ellen's Stardust Diner*, en justaucorps de danse noir et guêtres framboise, un sac de sport à la main.

— Hey, mes clientes françaises ! s'exclame-t-elle avec un grand sourire quand elle nous reconnaît à son tour. C'est *funny* de vous trouver ici. Je pensais que vous étiez des touristes.

— Bonjour, Joannie, lui répond Ginger. Nous sommes des touristes. Enfin pas tout à fait, c'est vrai. Disons que nous sommes là pour une durée indéterminée, le temps pour moi de réaliser un rêve.

— Il n'y a pas de meilleur endroit au monde que New York pour réaliser ses rêves. Ici tout devient possible. Je me rappelle plus comment sont vos prénoms, déjà ?

— Moi, c'est Ginger et elle, c'est Lola. Ou plutôt devrais-je dire Fred Lola Astaire. Elle l'ignorait, mais elle a des pieds en or, capables de faire des claquettes sans jamais avoir appris.

— *Amazing !* Il faudra que tu m'aides, alors. Pour ma prochaine audition, il y a une petite partie en claquettes et je ne suis pas très douée. Je m'emmêle un peu.

Je me sens rougir jusqu'à la racine des cheveux. Fort heureusement, Joannie ne me laisse pas le temps de bredouiller une quelconque réponse décousue.

— Je dois y aller, j'ai cours de jazz Broadway dans cinq minutes, mais je vous invite à mon appartement ce soir, OK ? Je veux tout savoir sur ton rêve, Ginger, peut-être je peux aider ? Je vis à New York depuis beaucoup d'années. Et je veux voir tes talents en claquettes,

Lola Fred Astaire. Voilà mon numéro et mon adresse, nous indique-t-elle en nous tendant une petite carte de visite. Vous venez à 6 heures, oui ? nous propose-t-elle avant de tourner les talons et de grimper deux par deux les marches qui mènent vers sa salle.

* * *

L'après-midi qui suit est studieuse pour moi – j'avance dans la traduction d'un nouveau manuscrit. Plus ça va, plus je me demande si l'auteur est en proie à un désordre mental : des zombies cannibales fans de Dalida, ça ne court pas les rues et les cerveaux. Ginger, quant à elle, s'est assoupie. Elle ne l'exprime pas, mais je sens bien qu'elle souffre, que son corps lutte dans cette bataille finale dont nous connaissons toutes les deux l'issue. Elle s'est allongée pour lire et moins de deux minutes plus tard, elle dormait, le livre ouvert entre les mains.

Nous nous mettons en route en fin de journée et à l'heure dite, nous sommes en bas de l'immeuble où vit Joannie, dans le quartier animé d'Union Square.

Il nous a fallu une petite heure de marche pour nous y rendre. J'ai cette fois proposé à Ginger de prendre le métro : elle a refusé, me répétant que New York se vit à pied ou ne se vit pas. Cette balade semble lui avoir fait du bien, elle a récupéré quelques couleurs et ses yeux pétillent à nouveau de cette joie de vivre qui la caractérise. Sur le chemin, elle a souhaité faire un crochet chez *Saks* pour s'offrir un sac à main Kate Spade, marque dont elle rêvait depuis des années. Un sac hors de prix qu'elle n'aura pas le temps d'user, c'est parfois moche, la vie. Qu'est-ce que je ferais à la place de Ginger, si je savais... que j'allais mourir ? Je ne sais pas. En tout cas, une chose est sûre, je ne serais certainement pas ici, à New York.

L'appartement de Joannie est au premier étage d'un immeuble en *brownstone* comme on en voit tant dans les films, avec quelques volées de marches pour atteindre la porte d'entrée et des rambardes en fer autour. Je sonne. À travers l'interphone j'entends des aboiements qui me font reculer de quelques pas, jusqu'au bord des marches et de la chute à se briser les cervicales.

— Entrez ! Entrez, nous accueille Joannie, deux minutes plus tard sur son palier, avec beaucoup d'enthousiasme. Ça ne va pas, Lola ? me demande-t-elle soudain. On dirait que tu as vu une fantôme.

— Pas un fantôme, non... pire ! Un chien.

Elle éclate de rire.

— Ah oui, c'est Moloss. Mon chien. Ne fais pas attention, il est très gentil chien. C'est un *puppy* encore par contre, alors il aime bien un peu mordiller.

Moloss... L'image d'un chien de la taille d'un ours, crocs acérés et babines retroussées refuse de quitter mon esprit.

Joannie s'écarte pour nous laisser entrer, j'approche tout doucement de la porte, tendant le cou pour repérer l'ennemi avant lui, quand soudain je sens quelque chose sur mon mollet. Je baisse les yeux et découvre une sorte de rat écorché à grandes oreilles poilues, tellement maigre qu'il ressemble à... pas grand-chose d'autre qu'un rat écorché en fait.

— Je vous présente Moloss, mon *baby*. Il sort de la toilette alors le pauvre n'a presque plus de poils, mais il reste beau comme tout, vous ne trouvez pas ?

Beau n'est pas le mot que j'aurais employé. Disons qu'il est… intéressant.

— Tu n'as pas peur des chiens ? s'inquiète Joannie devant mon immobilité.

— J'avoue que je ne suis pas très à l'aise en présence d'animaux. Mais Moloss est… enfin, il semble assez… inoffensif.

Ginger, conquise par l'animal, est déjà en train de jouer avec lui.

— Je vous souhaite la bienvenue. Vous êtes chez vous comme chez moi. L'appartement n'est pas immense, mais il est très suffisant.

Si j'avais eu à décrire un appartement new-yorkais, je crois que c'est exactement comme ça que je l'aurais imaginé. Une grande pièce de vie, avec du parquet au sol et un mur en imitation briques, rendue lumineuse par des verrières industrielles aux huisseries noires, un canapé club en cuir rouge, du mobilier dépareillé, néanmoins assemblé avec goût, une petite cuisine en bois clair, fonctionnelle, avec un bar et trois tabourets hauts. Un escalier ajouré mène vers la chambre et la salle de bains sans doute. Hormis le mur en briques rouges, les autres sont recouverts d'affiches de cinéma, donnant à l'ensemble un aspect chaleureux et investi. Ça sent bon la fleur d'oranger.

— Tu as un très joli appartement, la complimente Ginger, tentant désespérément de se libérer de Moloss qui, maintenant qu'elle a commencé à jouer avec lui, ne compte pas la laisser s'en aller.

Joannie nous invite à nous asseoir sur le canapé pendant qu'elle va sortir du frigo le pichet de thé glacé qu'elle a préparé ainsi que quelques petits biscuits. Le silence s'installe, nous buvons nos boissons par petites gorgées. Je regarde autour de moi pour m'imprégner de l'atmosphère tout en essayant d'être la plus discrète possible. Je sens la sueur couler dans mon dos. Qu'est-ce que je pourrais bien dire ?

— C'était bien, ton cours de jazz Broadway ? nous sauve Ginger.

— C'était excellent. David notre prof est vraiment très chouette. Je danse avec lui depuis plusieurs années. C'est une prof connue de Broadway, il aide pour les castings et les femmes comme moi qui veulent devenir actrices. Alors, racontez-moi tout. Que faites-vous dans la vie et que faites-vous à New York ?

Je tourne la tête vers Ginger, espérant qu'elle prendra la parole... Elle a visiblement décidé que c'est à moi de répondre en premier.

— Euh... je suis traductrice, me lancé-je, contrainte et forcée. Principalement de romans, aujourd'hui. Je reçois des romans en anglais, que je traduis en français pour permettre aux maisons d'édition de les publier en France. Pour la question de New York... disons que j'accompagne Ginger.

C'est donc ensuite tout naturellement que Joannie se tourne vers Ginger, et c'est avec le même naturel que celle-ci répond :

— Et moi, je suis venue à New York pour mourir de mon cancer.

* * *

GINGER

Je regrette aussitôt mes paroles. Pas en tant que telles, juste la manière dont elles sont sorties. « Il y a le fond et la forme » me rabâchaient sans cesse mes profs de français, sauf que je n'ai jamais réussi à faire la différence. Quand j'ai quelque chose sur le cœur, il faut que je le dise. Une fois sur deux, ça sort sans une once de délicatesse.

Le sourire de Joannie s'est effacé. Lola frotte ses mains sur son pantalon. J'éclate de rire malgré moi.

— Pardon, je n'aurais pas dû. Même si ce n'est que la stricte vérité.

— *You...* Tu es malade ?

— Oui. Cancer du sein. Diagnostiqué il y a deux ans. J'ai suivi le premier protocole de soins à la lettre, et les quelques mois de rémission m'ont fait espérer que tout rentrerait dans l'ordre, mais... Il y a trois semaines, mon médecin m'a annoncé que je faisais une récidive. Les chances de guérison sont... On ne sait pas, en fait. Il est peut-être possible de me faire gagner six mois, un an, moyennant des rayons, de la chimio ou que sais-je... En tout cas, des heures à l'hôpital, des heures à être malade comme une bête. Je ne voulais pas de ça. Alors, à la place, je suis ici.

C'est la première fois que je le dis à quelqu'un d'autre que Lola. Je pensais avoir digéré cette décision, or ça me remue de me l'entendre expliquer à une parfaite inconnue. Moloss s'est collé à moi, comme s'il devinait.

— Je suis désolée. C'est triste. Mais, *why* New York ? Pourquoi pas Paris ou Londres ?

— Parce qu'il y a des années, encore ado, je regardais des comédies musicales avec ma mère en me disant qu'un jour, moi aussi je chanterais sur une scène à Broadway. La vie en a décidé autrement. J'ai suivi un autre chemin, j'ai monté un restaurant. J'y étais très heureuse et je m'y suis donnée à fond jusqu'à ce que le cancer m'en empêche. Je sais que c'est dingue de croire de nouveau à ce rêve et qu'il y a une chance sur mille pour que ça se produise, mais la vie, peut-être, me doit bien ça, alors… On est là.

— *Maybe* je peux aider ! s'écrie Joannie, qui a retrouvé le sourire. Broadway, c'est ma vie depuis plus de dix ans.

— Tu pourrais nous dire par où il faut commencer ? demande timidement Lola. J'ai quelques idées bien sûr, mais…

— Il faut passer un audition, l'interrompt Joannie. C'est comme ça qu'on gagne la scène. Les auditions, c'est le seul chose qui marche. À Broadway, il y a souvent des auditions ouverts à tout le monde. Parce que les producteurs, ils espèrent toujours trouver une nouvelle star. Et il y a des auditions fermées : c'est ton agent qui te dit où elles sont, celles-là.

— Est-ce qu'il y a souvent des auditions ouvertes ? demande à nouveau Lola.

— Presque tout le temps ! Il y a beaucoup de pièces qui jouent, il y a beaucoup de théâtres. Alors il faut beaucoup de monde. Bientôt, il y a un audition pour une toute nouvelle pièce : *La Belle et la Bête*. Je suis inscrite. Si tu veux, je peux t'inscrire aussi, Ginger ?

— Tu ferais ça ? Alors que tu ne nous connais même pas ?

— Moloss ne se trompe jamais et il t'aime bien. Donc, je vous aime bien aussi. Demain, j'appelle l'agence qui organise et je t'inscris. C'est OK ?

J'acquiesce, incapable de prononcer le moindre mot et Joannie se précipite pour me prendre dans ses bras avant d'aller vers Lola et de faire de même.

— Merci infiniment. Elle est prévue quand cette audition ? bredouille mon amie dont les joues sont soudain devenues rouge pivoine.

— Elle est bientôt, dans une peu plus de trois semaines.

Trois semaines... Me reste-t-il encore ce temps ?

— Il va nous falloir trouver une autre solution d'hébergement, pensé-je à voix haute. L'hôtel, c'est bien pour quelques jours. Pas pour plusieurs semaines.

— Ça aussi, je peux aider ! s'enthousiasme aussitôt Joannie. Mon ami Gabe du rez-de-chaussée est journaliste et il est parti en Australie pour un reportage sur la vie dans le *bush*. Il ne sera pas là avant des mois. Il voulait trouver locataire, mais il n'a pas eu le temps. Sa boss est une vraie *bitch*, elle ne lui a laissé que trois jours pour préparer son départ. L'appartement est libre pour le moment. Vous voulez le voir ?

Ça semble trop beau pour être vrai.

— Il y a juste une toute petite chose...

Je me disais aussi...

— Gabe a un chat qui s'appelle Garfunkel dont il faut s'occuper. Est-ce que vous aimez les chats ?

Est-ce qu'on aime les chats... Bonne question ! En ce qui me concerne, on a une nette préférence pour les chiens. Mais Lola semble en adoration devant la photo du matou que Joannie lui présente. Alors, on fera avec un chat.

— Venez, je vais vous faire visiter l'appartement, nous propose Joannie, déjà debout.

* * *

L'appartement dudit Gabe est conçu de la même manière que celui de Joannie, sauf qu'on sent que celui qui y vit ne le considère pas vraiment comme un *home sweet home*. L'ameublement est spartiate et la décoration inexistante. En lieu et place d'un canapé, trois palettes de bois recouvertes d'épais coussins jaune moutarde, une table flanquée de deux chaises. Un imposant réfrigérateur. Et c'est tout.

— Il y a deux chambres. Une en haut de l'escalier et l'autre ici, indique Joannie en nous montrant une des deux portes au fond du salon. À côté de la chambre, c'est la salle de bains. Comme Gabe est au rez-de-chaussée, il a une baignoire. *Lucky boy!*

Je pousse un petit cri lorsque je sens quelque chose frôler ma jambe. L'animal que je n'ai pas entendu arriver, un chat blanc aux yeux bleus entourés de noir, me regarde avant de s'éloigner nonchalamment, sans daigner m'accorder plus d'attention.

— Lui, c'est Garfunkel. Il est presque aussi beau que Moloss.

Le félin accueille cet affront par un bâillement et saute avec souplesse sur les coussins du pseudo-canapé avant de s'y rouler en boule.

— Je sais, ce n'est pas très joli ici, mais Gabe voyage beaucoup et il n'a jamais le temps. Chaque fois je me dis que je devrais un peu faire pour lui, sauf que je suis aussi souvent au travail.

— Ginger est très douée pour ça ! s'exclame Lola. C'est elle qui a tout choisi dans son restaurant, jusqu'aux petites cuillères.

— Tu pourrais lui donner des conseils ! reprend aussitôt Joannie. Je crois lui nul pour choisir de jolies choses.

Pourquoi pas. Je ne connais pas ce type et il n'aura sans doute rien à faire de mes propositions, mais j'aime cet appartement et l'énergie qu'il dégage. Partir de rien, c'est ce qui m'a toujours motivée dans mes différents projets. Ça m'évitera aussi de penser aux heures qui s'écoulent et à cette vie qui m'échappe.

— 11 —

> *« But now, there's nowhere to hide*
> *Since you pushed my love aside*
> *I'm out of my head*
> *Hopelessly devoted to you. »*
>
> **« Hopelessly Devoted to You »** – *Grease*

LOLA

Je n'ai jamais autant ri de ma vie au cours d'une soirée. C'est vrai que les points de comparaison ne sont pas nombreux, cela dit. Après avoir visité l'appartement de Gabe, nous sommes remontées dans celui de Joannie pour y terminer la soirée, autour d'une immense pizza double pepperoni qu'elle a fait livrer. Elle nous a raconté mille anecdotes sur les coulisses de Broadway : les guerres intestines entre théâtres, les coups bas entre chanteuses, les négociations au restaurant pour servir les meilleures tables, celles qui sont les plus en vue… Et aussi toutes les petites histoires liées à la scène, les situations embarrassantes dans lesquelles une chanteuse peut parfois se retrouver. Cette fille, c'est la joie de vivre incarnée. On dirait que le soleil s'est posé sur son berceau et n'en est plus jamais reparti. Je ne connais personne qui lui ressemble. Ginger est une forte personnalité aussi, sûre d'elle-même, parfois dure. Joannie est enthousiaste et pleine d'humour. On sent qu'elle aime les gens et on ne peut que l'aimer en retour.

Et puis... Elle est si à l'aise. Hier pendant qu'elle riait, je me suis fait la réflexion que ça devait être chouette de pouvoir se laisser aller ainsi sans se poser de questions, sans s'inquiéter de la réaction des autres. Tout son corps exprime cette liberté. Elle était assise en tailleur, tranquille, tandis que je me demandais de mon côté comment je devais me tenir, si je devais croiser les jambes ou non, si je devais poser mes mains sur mes cuisses ou m'appuyer sur un coude ou...

Elle m'a posé plein de questions sur mon métier de traductrice, pas uniquement pour être polie, mais parce que ça l'intéressait. Et pendant qu'elle m'écoutait, j'avais le sentiment d'être importante.

La nuit était déjà bien entamée lorsque nous avons regagné l'hôtel. Pourtant les rues étaient encore bondées. New York ou la ville qui ne dort jamais est à la hauteur de sa réputation. Être dehors tard le soir aurait dû m'angoisser au plus haut point, or ce n'était pas le cas. Je me sentais en sécurité. J'ai failli téléphoner à ma mère, juste pour qu'elle sache que j'étais dans la rue en pleine nuit, et que ça ne me faisait ni chaud ni froid, mais la connaissant, elle aurait tout gâché.

Je ne me souviens même pas m'être couchée, et je n'ai aucune idée de l'heure qu'il peut être.

— Ginger ? Tu es réveillée ?

Faute de réponse, je me redresse sur un coude pour constater que je suis seule dans le lit. Le côté de Ginger est défait.

— Ginger ? Tu es sous la douche ?

Toujours aucune réponse. Complètement réveillée à présent, je me lève et vais vérifier par moi-même. Elle n'a peut-être pas entendu. La salle de bains est déserte.

— Ginger ? Ginger ?

Je continue à l'appeler comme si elle pouvait surgir d'un placard où elle se serait cachée pour me faire une blague. Ma voix est montée d'une octave. Et s'il lui était arrivé quelque chose ? Peut-être qu'elle s'est sentie mal pendant la nuit et qu'elle s'est écroulée dans le couloir avant de pouvoir trouver du secours ? Je m'y précipite : il est aussi désert que notre chambre.

Les larmes me montent aux yeux. Et si elle était partie ? Comme ça, sans rien dire, parce qu'elle sentait que c'était le moment ? Ma poitrine se serre. J'ai la tête qui tourne. Il faut... que je m'asseye, je vais, je vais... Je ne me sens pas bien du tout. Ginger, dis-moi que tout va bien, qu'il ne t'est rien arrivé. Le téléphone, il me faut mon téléphone. Peut-être qu'elle m'a laissé un message. Je me traîne tant bien que mal jusqu'à mon sac à main, envahie par cette nausée qui m'accompagne depuis tant d'années, et que je ne parviens toujours pas à maîtriser.

C'est alors que la porte de notre chambre s'ouvre à la volée.

— La marmotte est enfin sortie de sa grotte ! me lance joyeusement Ginger. Tu dormais si bien que je n'ai pas osé te... Hey Lola, ça ne va pas ?

Elle pose l'énorme carton qu'elle a dans les bras et se précipite pour m'aider à m'asseoir sur le lit.

— Ne me refais jamais ça ! je hurle avant d'éclater en sanglots. J'ai cru, j'ai cru que tu étais partie, que tu ne reviendrais plus. Que Herbert avait gagné. J'ai eu si peur. Je… je ne veux pas que tu meures, Ginger, je ne veux pas. Comment je ferais sans toi, comment je ferais…

* * *

GINGER

Il me faut plusieurs minutes pour réussir à calmer Lola. Je l'aide à respirer, lui caresse les cheveux, lui dis que je suis là, que je ne suis pas encore morte, que jamais je ne lui ferai le mauvais coup de disparaître sans laisser de traces.

— Je suis juste sortie faire quelques courses. J'étais réveillée depuis un bon moment et je n'ai pas osé te tirer du sommeil. Tu dormais si bien. Je ne sais pas à quoi tu rêvais, en tout cas tu avais le sourire aux lèvres. J'ai fait vite, je n'ai pas pensé à te laisser un petit mot. Ça ne se reproduira plus, je te le promets. Tu veux voir ce que j'ai acheté ? C'est pour notre appartement. Je sais que ce n'est pas vraiment notre appartement, mais je me suis dit qu'il avait bien besoin de quelques décorations pour qu'on s'y sente à peu près bien. L'ambiance cellule de prison, ce n'est pas trop mon truc.

Lola me sourit. C'est timide, mais c'est un progrès. J'ai appris à son contact que le meilleur moyen de la faire sortir d'une crise d'angoisse c'était de l'emmener sur autre chose. Je me lève et dépose sur le lit le lourd carton dans lequel j'ai entassé des tas de bricoles.

— D'abord, j'ai acheté du linge de lit. J'ignore tout de ce type, mais vu son appartement, il ne doit pas souvent changer sa housse de couette. Pas question que je dorme dans des draps qui sentent le renfermé. Je suis allée chez *Bloomingdale*, un petit peu plus haut que *Saks*, et regarde les merveilles en gaze de coton que j'ai trouvées. Le septième étage était entièrement consacré au linge de lit, j'aurais pu repartir avec tout.

Je déplie la parure vert sauge que j'ai prise pour moi, ainsi que celle que j'ai choisie pour Lola, dans les tons violine.

— Ça doit valoir une fortune, tu n'aurais pas dû, me dit Lola tout en caressant le tissu du bout des doigts. On ne pourra jamais les faire rentrer dans la valise du retour.

C'est bien la raison pour laquelle j'ai acheté toutes ces choses. Parce que en ce qui me concerne, il n'y aura pas de retour. Lola l'a compris elle aussi en le disant, elle n'insiste pas.

— Qu'as-tu acheté d'autre ? finit-elle par me demander.

Elle me sourit et je sais ce que ça lui coûte. Merci, Lola de comprendre qu'il me faut un peu de normalité, que si j'ai entrepris ce voyage c'est justement pour échapper à cette lourdeur, à ces sombres pronostics.

— Est-ce que cette carafe n'est pas la plus belle carafe que tu aies jamais vue ? je l'interpelle en lui tendant une carafe jaune en émail.

— Magnifique ! Et c'est vrai qu'une carafe est un indispensable dans toute cuisine qui se respecte.

— Exactement. Je te remercie de bien vouloir le souligner. Tout comme ce poivrier ou encore ces couverts à salade dont nous ne pouvions pas nous passer !

Cette fois, elle éclate de rire. Je suis soulagée que la crise soit passée. Je sens qu'on va être bien dans cet appartement, juste en dessous de celui de Joannie. Je les ai observées toutes les deux hier et quelque chose me dit qu'on n'a pas fini d'entendre parler de la serveuse-chanteuse d'*Ellen's Stardust Diner*.

* * *

LOLA

Pour fêter cet emménagement à venir, Ginger a proposé une virée à Coney Island. Comme il fait beau, mais qu'il ne fait pas encore trop chaud, il paraît que c'est le temps idéal pour s'y rendre. Je sais que c'était l'un des lieux notés « à faire » par sa mère. J'ai beau fouiller dans mes souvenirs, je n'ai aucune image de fête foraine en stock. Si ma mère avait peur des accidents de manège, elle était encore plus terrorisée à l'idée de me perdre dans la foule. Déjà, lorsque nous faisions les courses au supermarché, je devais garder une main sur le caddie, sous peine de déclencher ses foudres et une punition de l'enfer.

Vu la distance, il nous a fallu un autre moyen de locomotion que nos pieds et ce n'est pas sans hyperventiler que je me suis assise dans le métro. Après une petite heure de trajet – et l'agréable surprise d'une petite portion en aérien –, nous descendons à la station de Coney Island Stillwell Ave. Le contraste avec Times Square et son ambiance ultra-urbaine est saisissant. La sérénité qui se dégage du lieu m'impressionne. Tout le long de la plage, il y a cette promenade en lattes de bois, connue dans le monde entier.

— Que veux-tu faire pour commencer ? demande Ginger. Tu veux tout de suite aller au Luna Park ou on se balade d'abord un peu sur la promenade ?

— Dans la mesure où je ne suis pas pressée d'aller mourir d'angoisse sur tes manèges, je vote pour l'option deux. Et comme nous n'avons pas encore déjeuné, je te propose un petit arrêt hotdogs, il paraît qu'on trouve ici les meilleurs de New York.

— Comment le sais-tu ? Tu as fait des recherches ?

— Non, mais c'est écrit sur la façade de ce restaurant, regarde.

Devant nous se dresse le coloré *Nathan's Famous* avec une enseigne qui proclame « *The Flavour of New York* ». Mon estomac émet un gargouillis qui confirme qu'il est l'heure de manger.

— Tu as vu, ils organisent chaque année un concours du plus gros mangeur de hotdogs. C'est Miki Sudo qui détient le record chez les femmes avec 48,5 *Nathan' Famous Hotdogs* engloutis en dix minutes, je lis sur un panneau à l'extérieur du restaurant. Le *Hotdog Eating Contest*. Comment est-ce possible d'avaler 48,5 hotdogs en dix minutes ? Tu dois suer du cheddar et de la moutarde après ça. Et pendant plusieurs jours. Moi je serais à peine capable d'en avaler trois d'affilée. Les Américains sont quand même cinglés avec leur bouffe.

— Surtout qu'au départ, le hotdog a été inventé par un Allemand ! Le tout premier restaurant de hotdogs a été créé ici, à Coney Island, par un boulanger allemand. Un certain Feltman ou Feldman, je ne sais plus. C'est Thomas qui m'avait raconté ça.

À l'évocation de son chef cuisinier, le visage de Ginger se ferme soudain.

— Il te manque ? j'ose lui demander après quelques instants de silence.

— Oui. Lui, et tous les employés du restaurant bien sûr. J'ai passé des années à leurs côtés, alors c'est dur.

— Tu ne leur as pas dit, pour... Herbert ?

— Non, toujours pas. Je n'en ai pas le courage. Je ne veux pas leur faire de peine.

— Tu sais quoi ? Tu devrais envoyer à Thomas une photo du meilleur hotdog de New York ! Ne rien leur dire ne signifie pas que tu es obligée de couper les ponts. Ils doivent s'inquiéter.

— Tu as raison. Allons goûter ces fameux hotdogs pour que je puisse en vanter les mérites à mon chef cuisinier qui ne jure que par la grande cuisine, me dit-elle en passant un bras sous le mien, le sourire retrouvé.

* * *

Je suis loin d'être une experte en cuisine, mais je dois avouer que je me suis régalée avec mon hotdog. Un pain moelleux avec un petit goût brioché, bien garni d'une saucisse sauce moutarde, recouverte de cheddar et d'oignons frits... Il était tout simplement délicieux. Ginger a échangé par textos avec Thomas après lui avoir envoyé une photo de notre festin, rigolant à chacune de ses réponses. Ça fait plaisir de la voir comme ça, détendue. L'espace d'un repas, il n'était plus question de cancer.

— Maintenant qu'on a le ventre plein, il est temps d'aller mettre la solidité de nos estomacs à l'épreuve, lance Ginger. Il n'est pas question de repartir d'ici sans avoir testé le Cyclone !

— Ou on peut tout aussi bien s'asseoir pas loin et écouter les gens hurler, qu'en dis-tu ?

— Voilà le discours d'une poule mouillée, pas celui de l'amie qui a accepté de m'accompagner dans ce voyage et qui, je le rappelle, a même pris l'avion pour la première fois de sa vie.

— Il y a beaucoup moins d'accidents d'avion que d'accidents de manèges.

— Certes. Après quand un avion s'écrase, il y a beaucoup plus de victimes. Enfin, quand on les retrouve… (Ginger éclate de rire.) Tu devrais voir ta tête ! Allez, viens, je te jure que tu vas t'amuser, déclare-t-elle en me tirant par le bras.

* * *

Je me dis souvent que la vie serait beaucoup plus sereine si l'on connaissait avec exactitude et dès le départ la date de sa fin. Il n'y aurait plus besoin de s'embarrasser de précautions inutiles ou de peurs handicapantes. On se sentirait plus léger. En tout cas, moi, je me sentirais plus légère.

Harnachée, bien assise au fond de mon siège, les yeux fermés, je suis tétanisée.

— Est-ce qu'on arrive bientôt en haut ?

— Oui, on y arrive bientôt. Tu devrais ouvrir les yeux. Tu vas tout rater.

— Ça bouge, ça bouge ! C'est la nacelle qui se décroche ?

— Non, ce n'est pas la nacelle qui se décroche, c'est juste le vent. Lola, ouvre les yeux, la vue est à couper le souffle.

Je tente d'ouvrir un œil.

— On est haut, là, non ?

— On est à près de quarante-cinq mètres du sol, c'est incroyable, tu ne trouves pas ?

— Incroyablement risqué et dangereux, je suis d'accord.

— Lola, tu es assise dans une grande roue qui existe depuis plus de cent ans et qui a été classée monument historique, tu es obligée d'ouvrir les yeux.

— Justement, cent ans, c'est beaucoup trop vieux. Tout doit être rouillé comme pas permis...

Ginger rit.

— Allez, je te jure que ça en vaut la peine. Et tu verras qu'ensuite, tu ne voudras plus en descendre.

Je respire un grand coup, j'ouvre les yeux et... aveuglée par le soleil, je ne vois d'abord rien du tout. Puis, petit à petit, ma vue s'accommode et je dois bien reconnaître que Ginger a raison, c'est magnifique. La plage, le *boardwalk*, tous les autres manèges aux couleurs vives.

— Combien de fois dans ta vie auras-tu l'occasion de contempler un tel spectacle ? Combien de fois...

* * *

GINGER

Je ne suis pas une grande fan des sensations fortes. Je trouve que la vie elle-même regorge d'occasions pour vous en faire vivre. Le suicide de votre mère, le départ de votre père, l'annonce d'un cancer... Pas besoin de monter dans un manège pour se faire peur, la vie s'en charge très bien toute seule.

Aujourd'hui, c'est différent. Aujourd'hui, alors que je suis à Coney Island, j'ai envie de sensations, de vitesse. J'ai envie de me faire peur. Parce que avoir peur, c'est être vivant.

Assise dans l'une des nacelles du Cyclone, alors que l'on entame l'ascension qui nous mènera à la première descente vertigineuse, je peux affirmer que je me sens bien vivante. Et c'est bon. C'est tellement bon que j'en pleure. Lola n'est pas à côté de moi, elle a préféré la sécurité du plancher des vaches, alors je laisse couler mes larmes. Et puis, une fois en haut, la nacelle bascule vers l'avant, mon cœur se soulève, j'écarte les bras et je crie. De toutes mes forces. Je crie ma peur, ma colère, ma frustration de devoir quitter cette vie bien avant l'heure. Je crie et je vide mes poumons de la moindre parcelle d'air qu'ils contiennent. Je crie. Et je ne pense plus à rien.

J'enchaîne les attractions. Je frémis dans le *Thunderbolt* et le *Sky Chaser*. Je m'ébouriffe dans l'*Electro Spin* et dans le *Tony's Express*. Je me mouille dans le *Leti's Treasure*. Je monte même dans les manèges pour enfants, les *Magic Bikes*, le *Circus Candy*, la *Brooklyn Barge*, et je ris. Je ris à gorge déployée.

Pendant près de trois heures, le temps s'arrête et la mort suspend son œuvre. Pendant près de trois heures, il n'y a rien d'autre que les battements de mon cœur et les soubresauts de mon estomac. Merci la vie de m'avoir permis de vivre ça. Je n'ai jamais jugé utile de croire en un dieu, sauf peut-être là, maintenant. Juste pour qu'il ou elle sache que je suis reconnaissante.

* * *

LOLA

Ginger est comme retombée en enfance. Elle court dans tous les sens, s'émerveille de tout et de rien. Je connais bien cet état d'euphorie, celui qui accompagne souvent l'angoisse avant qu'elle ne finisse par l'emporter. Il faut qu'elle se calme, il faut que je l'aide à redescendre, si possible en douceur pour que la chute soit plus confortable.

— Regarde, il y a un Zoltar ! m'écrié-je. Je ne pensais même pas que ce genre de machine existait vraiment. On se tente une petite prédiction ?

— Ça n'a pas réussi à Tom Hanks, me répond Ginger, sceptique.

— Tu rigoles ? Après son passage à la fête foraine, son vœu a été exaucé, il est devenu adulte et il avait un trampoline géant dans son appartement ! C'était quand même la classe. Allez viens, on essaie.

Je m'approche de la machine et y glisse un billet d'un dollar. Une petite musique retentit et l'automate s'anime.

My name is Zoltar. I am here to give you the wisdom of the ancients. Destiny is not a matter of chance, it is a matter of choice. It is not a thing to be waited for, it is a thing to be achieved. Create your destiny, my friend.

— C'est carrément flippant, ton truc.
— J'avoue qu'ils auraient pu moderniser un peu la voix. Vas-y, prends la prédiction !

Ginger se penche pour attraper la petite carte et me la tend sans même y accorder un regard.

— « Il est temps de vous lancer dans ce projet auquel vous pensez depuis longtemps. Il est temps d'aller de l'avant. Vous pourriez être surprise de ce que vous êtes capable d'accomplir. N'ayez pas peur. Chaque pas qui vous rapprochera de l'accomplissement de ce projet sera un pas de libération », je lis à voix haute. Je crois que Zoltar a très envie de te voir monter sur scène, Ginger. Tu te souviens de ce qu'a dit Joannie à propos des auditions ouvertes et des auditions fermées ? Il faudrait qu'on te trouve un agent, ça augmenterait sans doute tes chances. Tu as entendu ce que notre ami mage indien a professé : « *Create your destiny, my friend* », répété-je avec les intonations et l'accent à couper au couteau de l'automate, ce qui a le mérite de faire rire Ginger.

— Je ne sais pas si je te l'ai déjà dit, et si c'est le cas, tant pis si je me répète, mais merci de m'avoir accompagnée à New York. Tu craignais de ne pas être à la hauteur, eh bien crois-moi, sans toi, je ne sais pas si je serais parvenue à mettre un pied à l'extérieur de l'aéroport. C'est toi ma chance, Lola.

— À charge de revanche ! répliqué-je du tac au tac avant de réaliser ma maladresse.

Comme si elle allait en avoir la possibilité...

Ginger ne se formalise pas. Au contraire, je perçois une petite lueur amusée dans son regard.

— Est-ce que ce ne serait pas le moment de connaître ta prédiction de Zoltar ? me lance-t-elle en glissant à son tour un dollar dans la machine.

My name is Zoltar. I am here to give you the wisdom of the ancients. Remember it is a great deal better to do all the things you think you should than to spent the rest of your life wishing you have no do. Not be leaving this place with regrets, leave it up, my friend !

Cette fois, elle se précipite sur le petit carton de prédiction qui sort de la machine et commence aussitôt à me le lire à voix haute.

— « Il est plus que temps d'ouvrir votre cœur à l'amour. Parce que si vous continuez ainsi, les toiles d'araignées finiront par recouvrir entièrement la serrure. L'amour est à portée de main. Il vous suffit de bien regarder. » C'était la prédiction de Zoltar, *my friend*, termine-t-elle en singeant la voix du médium.

— C'est vraiment ce qui est écrit ? je m'étonne, sceptique. Montre-moi !

Je tends le bras pour attraper la carte, mais Ginger est plus rapide que moi et s'empresse de la planquer dans son décolleté avant d'éclater de rire.

— Je me disais aussi. Tu es retombée en enfance, toi, aujourd'hui.

— Et c'est si bon, me confirme-t-elle en me prenant la main. C'est si bon. Allez viens, allons nous gaver de sucreries jusqu'à en être écœurées. Il y a une boutique qui s'appelle *It'sugar* juste derrière. Ils ont un choix de bonbons comme je n'en ai jamais vu.

Je lui emboîte le pas. L'amour est à portée de main... Comme si j'avais la tête à ça. Et sans vouloir manquer de respect à Zoltar, s'il y avait quelqu'un à portée de main, je serais quand même la première à l'avoir remarqué.

* * *

Quand nous arrivons à l'appartement de Gabe, les bras chargés de nos valises ainsi que des quelques achats de Ginger, nous sommes accueillies par une pancarte de bienvenue brandie par une Joannie visiblement plus qu'enthousiaste à l'idée qu'on emménage.

— Je suis trop contente de votre venue ici. Gabe est parti depuis plusieurs semaines et c'est une peu triste sans lui. Venez, venez, entrez !

— Nous te sommes plus que reconnaissantes de nous avoir proposé cet appartement, lui répond Ginger, en l'embrassant sur la joue.

— Je suis allée faire du shopping aujourd'hui et j'ai acheté des donuts chez *Krispy Kreme*, ce sont les meilleurs de New York.

— Voilà qui achèvera de faire de nous de parfaites New-Yorkaises ! s'amuse Ginger. Après une journée à Coney Island où nous avons mangé le soi-disant meilleur hotdog de New York, nous finissons par les meilleurs donuts ! Merci, Joannie.

— Coney Island ? Cela fait des années que je n'y suis pas allée. Je vous laisse vous installer et vous allez devoir ensuite tout me raconter. Je commande des pizzas. Double pepperoni, ça vous va ?

Voilà qui promet une bonne soirée. Rien de tel que la sécurité de quatre murs.

Alors que je passe devant lui pour déposer mes affaires dans ce qui sera ma chambre pour les prochains jours, Garfunkel m'observe en silence, bien droit sur la seule table de l'appartement, sa queue s'enroulant avec régularité autour de ses pattes.

Ce chat est aussi flippant que l'appartement est vide. Mieux vaut ne pas penser à la tête de leur propriétaire.

* * *

GINGER

La boîte en carton sur la table ne contient plus que des vestiges de pizza, une seule pour trois personnes, là où il en aurait fallu trois en France pour remplir nos estomacs.

Lola est détendue, suffisamment pour nous raconter des anecdotes d'enfance qui la mettent en scène avec sa mère dans des postures ridicules, comme l'année où elle l'a obligée à porter à la plage une ceinture rouge clignotante par-dessus son maillot de bain, pour être sûre de ne pas la perdre de vue. Joannie est suspendue à ses lèvres, et je ne crois pas me tromper en affirmant qu'elle aimerait bien y coller les siennes.

Moi aussi, je me sens bien. Fatiguée, douloureuse – je me concentre pour ne pas le montrer et risquer de gâcher le moment – mais bien. Comme si j'avais entre les mains toutes les pièces du puzzle et qu'il me suffisait de les assembler. Ces derniers jours, et depuis cette crise d'angoisse à l'hôtel, je ne fais que penser à Lola et à ce qu'elle deviendra quand je ne serai plus là. Je la crois capable de beaucoup de choses, mais elle…

Après cette soirée, je sais qu'elle ne sera pas seule, qu'elle aura Joannie à ses côtés pour la soutenir. Et c'est un soulagement. Quand je lui ai demandé de m'accompagner à New York, je l'ai fait par égoïsme. Je n'ai pensé qu'à moi et à mon confort. Je ne me suis pas posé la question de l'après pour elle. Je ne me suis pas demandé comment elle allait réussir à rentrer toute seule, elle qui a dû braver l'impossible pour arriver jusqu'ici… Oui, Joannie sera là. Et qui sait ? Peut-être qu'il ne sera pas question de rentrer pour Lola, ou en tout cas pas tout de suite. Sa mère me maudira sans doute de tous les noms. Je m'en fiche, je serai déjà morte et enterrée.

Je souris à chaque tentative de séduction de la part de notre hôte. C'est si gros. Pourtant, Lola ne voit rien, Lola qui se livre comme elle ne l'a encore jamais fait.

Il y a comme une alchimie entre elles deux. Quelque chose qui ne s'explique pas, mais qui saute aux yeux.

— 12 —

> *« Hakuna Matata !*
> *What a wonderful phrase*
> *Hakuna Matata !*
> *Ain't no passing craze*
> *It means no worries*
> *For the rest of your days*
> *It's our problem-free philosophy*
> *Hakuna Matata ! »*
>
> **« Hakuna Matata »** – *The Lion King*

LOLA

Cela fait plus d'une demi-heure que j'essaie d'apprendre à Ginger les quelques enchaînements de la chorégraphie en claquettes, avec aussi peu de succès que l'enseignant, lorsque Joannie ouvre la porte de notre appartement en trombe.

— *Guess who's got* trois places pour aller voir *Les Misérables* ce soir ? Mon amie Joséphine, qui tient le rôle de Cosette, est passée me les déposer au restaurant.

Je ne vous avais rien dit parce qu'elle n'était pas certaine de réussir à en avoir trois. Ce soir, on sort à Broadway, les filles ! conclut-elle, surexcitée.

Il nous faut quelques instants pour intégrer l'ensemble des informations et en extraire la principale : ce soir, nous sortons pour assister à une comédie musicale. Depuis que nous sommes à New York, je me dis qu'il faut que j'organise ça pour Ginger. Après tout, elle n'a qu'une vision cinématographique du sujet, il est grand temps qu'elle sache ce qui l'attend.

Joannie nous serre chacune dans ses bras, à son habitude, puis repart aussi vite qu'elle est entrée, nous lançant dans l'escalier qu'elle doit se préparer et qu'elle passe nous chercher dans une heure.

— Décidément, on ne s'ennuie jamais avec elle ! s'exclame Ginger. Je l'aime bien. Vous iriez bien ensemble, toutes les deux.

— Comment ça, on irait bien ensemble ? Je ne comprends pas.

— Vous feriez un joli couple, quoi.

— N'importe quoi ! Joannie est… enfin, moi je suis… C'est Herbert qui te fait débloquer, je crois. Tu es à côté de la plaque.

— Je suis tellement à côté de la plaque que tu ne parviens même pas à finir tes phrases. Joannie est une femme et tu es hétérosexuelle, c'est ça que tu voulais dire ? Je n'ai jamais cru à toutes ces catégories. Moi, je crois en l'amour. Et l'amour n'a pas de genre. Pourquoi tu ne pourrais pas tomber amoureuse d'une femme ? Ce qui compte, c'est la personne, non ? Il y a comme une évidence entre Joannie et toi. Fais-moi confiance, de son côté, il n'y a aucun doute. Elle te bouffe littéralement des yeux.

— Je ne vois pas de quoi tu parles. Elle est juste heureuse d'avoir trouvé des gens qui l'aident à améliorer son français. Elle est tout aussi tactile avec toi qu'avec moi, je te signale. Ce sont eux qui ont inventé le *hug*, c'est leur truc. Je ne suis pas du tout attirée par Joannie, je la trouve très sympa et j'apprécie sa compagnie, mais ça s'arrête là.

Je le saurais non, si j'étais attirée par Joannie ? pensé-je, agacée. Je n'ai jamais eu que des hommes dans ma vie, je ne vois pas pourquoi, tout à coup, mon cœur se mettrait à battre pour une femme. C'est n'importe quoi. Ginger raconte n'importe quoi. La preuve, c'est une très belle femme, je suis capable de le reconnaître, et pourtant je n'ai jamais été attirée par elle. On peut se sentir bien avec une personne sans pour autant qu'il y ait des sentiments amoureux, que je sache ? Je me sens bien avec Joannie, c'est tout. Elle a une capacité de présence à l'autre incroyable. Quand elle demande « Comment ça va ? », ce n'est pas le « Comment ça va ? » de tout le monde, qui récolte en général un « Ça va bien », qui n'a aucun sens, mais dont on se contente. Non, Joannie, elle, a vraiment envie de savoir comment vous allez. Ça l'intéresse. Et elle attend la réponse comme si c'était l'information la plus importante de sa journée. Quand elle vous parle et vous écoute, vous vous sentez... essentielle.

Quel rapport avec le désir ? Aucun. Il n'y a absolument aucun rapport. Et puis d'ailleurs, pourquoi je me défends comme ça ? Je n'ai aucune raison de me défendre. Je sais parfaitement ce qu'il y a entre Joannie et moi. Rien. Rien du tout. Juste une amitié naissante.

— Bon, on ferait mieux de se préparer. Broadway mérite qu'on s'apprête un peu.

* * *

À côté de Ginger, dans sa robe de satin bleu marine à dos nu, et de Joannie qui porte un ensemble veste-pantalon gris scintillant, je me sens minable. Je n'ai emporté dans ma valise que des vêtements pratiques et confortables, majoritairement noirs, parce que le noir ça va avec tout, le noir ça fait chic en toutes circonstances.

J'ai donc enfilé un pantalon noir avec un débardeur noir… et je ne me sentirais pas plus mal habillée avec un vieux rideau de douche en plastique piqueté d'humidité.

— Je sais ce qui irait avec ta tenue, me lance Joannie lorsqu'elle me découvre. J'en ai pour deux secondes, je reviens.

— Tu es superbe, en profité-je pour complimenter Ginger.

— J'avais acheté cette robe pour une cérémonie et je n'ai jamais eu l'occasion de la remettre. Elle est sans doute bien trop habillée, mais je m'en fiche. Il n'y aura… pas d'autres occasions. D'ailleurs, j'ai dans ma valise des tas de vêtements que je n'ai jamais portés, dans l'attente de la bonne occasion. Alors prépare-toi à un festival de robes de cocktail, tailleurs-pantalons et autres tenues de soirée dans les jours à venir.

— Essaie ça ! me propose Joannie, une fois de retour en me tendant un béret en strass rose. Ah, et sinon, j'ai aussi descendu ma trousse de *make up*. Si c'est OK, je voudrais tester un petit look sur toi. Ça m'entraînera, c'est très souvent qu'on se maquille les uns les autres pour le show.

J'attrape le béret que je positionne tant bien que mal. Je ne crois pas avoir une tête à chapeau, pourtant Ginger comme Joannie approuvent sans réserve. S'ensuit l'opération maquillage, au cours de laquelle Joannie, concentrée, m'applique des couches de fard à paupières, de poudre, de que sais-je encore, postée à quelques centimètres de mon visage.

— Regarde en l'air, me demande-t-elle afin de terminer par une touche de mascara sur les cils.

Je m'exécute. Elle s'approche encore un peu plus. J'ai les genoux qui tremblent. Elle sent bon. Si elle s'approchait encore, je pourrais sentir la caresse de ses cheveux sur ma joue. J'ai les mains moites.

— Ça y est, j'ai fini ! Qu'en penses-tu, Ginger ?

Mon amie émet un sifflement admiratif en réponse. Sceptique, je me lève pour examiner mon reflet dans le miroir de la salle de bains, seule pièce de l'appartement pourvue d'un miroir évidemment, est-il encore nécessaire de le faire remarquer ?

Je suis bluffée par le résultat. C'est moi et en même temps, plus tout à fait. Mon teint est lisse et les différentes couches de fard à paupières font ressortir mon regard. Je me trouve jolie. Je n'arrive pas à la cheville de Ginger bien sûr, mais je suis plutôt pas mal, quand même.

— Tu es très magnifique ! s'enthousiasme Joannie. Ce maquillage te va encore mieux que sur Julia Roberts !

Je doute de la fiabilité d'un tel jugement, mais en tant que grande fan de l'actrice américaine, j'accepte le compliment avec un certain plaisir.

— On y va, mesdames ? Broadway ne nous attendra pas ! s'exclame Ginger en attrapant son sac à main.

* * *

GINGER

Le théâtre est bien plus petit que ce à quoi je m'attendais. Plus intime. Et par conséquent, bien plus impressionnant, car la scène est à portée de main. Joannie a gardé pour elle cette dernière surprise : nous sommes très bien placées, au troisième rang. J'ai les yeux rivés sur ce lourd rideau de velours rouge qui est pour le moment baissé. J'imagine l'effervescence qui se cache derrière, celle des chanteurs, celle des techniciens, tous unis autour d'un même objectif : que tout soit parfait pour offrir aux spectateurs une parenthèse de bonheur.

Les lumières s'éteignent, le rideau se lève et les premières notes de musique prennent possession de la salle.

Sur scène, une petite dizaine de comédiens, certains qui s'écroulent sous le poids de lourdes charges, d'autres qui cassent des pierres, sous la surveillance de soldats… tous qui demandent pitié. Parmi eux, un homme est appelé. Jean Valjean vient de purger sa peine, un document jaune lui est remis. Le chanteur a une voix puissante qui me fait vibrer. Il chante sa liberté retrouvée, les joies simples de la nature, mais aussi sa douleur d'être rejeté de tous, de traîner son passé de bagnard comme un boulet toujours accroché à sa cheville.

Je regarde partout, essayant de ne louper aucun détail. Le concert des voix me donne la chair de poule, l'émotion de Jean Valjean se demandant pourquoi il a agi comme il l'a fait avec l'évêque fait couler des larmes sur mes joues. Il y a la voix, mais elle accompagne aussi un jeu d'acteur intense. Quand il pousse la note, je retiens mon souffle, j'ai l'impression que mon cœur va exploser dans ma poitrine.

J'attrape la main de Lola. Elle aussi semble chamboulée par la magie du spectacle.

Puis apparaissent les femmes, des femmes en colère, des femmes sans espoir qui clament leur souffrance : « *At the end of the day you're another day older. And that's all you can say for the life of the poor. It's a struggle, it's a war. And there's nothing that anyone's giving. One more day standing about, what is it for ? One day less to be living.* » Parmi elles, Fantine. Fantine, dans sa robe claire, qui chante sa détresse, qui pleure d'avoir dû laisser sa fille Cosette : « *I dreamed a dream in time gone by, when hope was high and life worth living. I dreamed that love would never die, I prayed that God would be forgiving...* »

Fantine et sa rencontre avec Jean Valjean, ému par sa souffrance, par son histoire.

Et puis la promesse de s'occuper de l'enfant. « *My Cosette... Shall live in my protection... Take her now... Your child will want for nothing...* »

La confrontation avec Javert, l'homme de loi ferme, insensible, dont la voix presque caverneuse me fait frémir. L'ancien bagnard qui supplie qu'on lui laisse ne serait-ce que quelques jours pour venir en aide à cette petite fille dont la maman vient de mourir dans ses bras. Les deux se tournent autour, chacun chantant sa vérité et ses certitudes.

Et c'est le noir.

Une grande table, des chaises : on est chez les Thénardier, dans leur auberge. La chanson est joyeuse, rythmée. Les deux personnages sont aussi hauts en couleur qu'ils sont pathétiques et ont le regard mauvais. Leur anglais est gouailleur, il fait rire le public, « *Master of the house, everybody bless the landlord, everybody bless his spouse, everybody raise a glass to master of the house* ».

Cosette rencontre son sauveur... et les années passent.

La première partie se termine sur cette révolte qui gronde, le peuple qui s'organise... « *Do you hear the people sing ? Singing the sound of angry man ? It is the music of the people who will not be slaves again ! When the beating of your heart echoes the beating of the drums, there is a life about to start, when tomorrow comes.* »

... Et sur la rencontre entre Marius et Cosette. L'amie de Joannie a une voix cristalline.

« *One more dawn. One more day. One day more.* »

J'ai la chair de poule lorsque le rideau tombe sur la scène pour l'entracte. Les applaudissements sont nourris. Quel bonheur ce doit être d'appartenir à cette troupe.

Et ce sont les barricades et l'escalade vers l'émotion. Alors que les premières notes d'*On my Own* retentissent, j'ai renoncé depuis un moment à sécher mes yeux et à essuyer mes joues baignées de larmes. Je donnerais tout pour être capable de chanter comme la comédienne qui se livre corps et âme devant moi.

Gavroche nous fait sourire, puis nous bouleverse quand il s'effondre sous les balles. Tous les combattants sont allongés sur le sol et l'intégralité de la salle retient son souffle. Les femmes viennent chercher les blessés, Thénardier dépouille les morts, Jean Valjean se relève et réussit à sortir Marius des barricades. Javert se jette d'un pont, rendu fou par la découverte de la générosité de l'homme qu'il a poursuivi toute sa vie de sa haine.

Le spectacle se termine par un chœur de toute la troupe réunie sur scène. « *Will you join in our crusade ? Who will be strong and stand with me ? Somewhere beyond the barricade is there a world you long to see ? Do you hear the people sing ? Say, do you hear the distant drums ? It is the future that they bring when tomorrow comes. Tomorrow comes.* »

Quand le rideau se referme pour la dernière fois, je me lève d'un bond et applaudit à m'en faire mal aux mains. Quelle merveille ! Tout était si… intense. Je me tourne vers Joannie pour partager ma joie avec elle et la remercier pour ce cadeau. À sa place, c'est ma mère qui est assise. Elle me regarde avec un grand sourire et des yeux brillants d'émotion. Je voudrais me jeter dans ses bras, mais je n'ose pas bouger d'un millimètre. Le souvenir du rêve que j'ai fait à mon arrivée à New York, celui où elle disparaissait au coin de la rue, est encore bien présent à mon esprit. Elle ne me quitte pas des yeux. Maman, nous sommes à Broadway. Tu avais raison, il n'y a rien de plus beau que le spectacle auquel je viens d'assister. Rien de plus beau. Plus que jamais, j'ai envie de monter sur les planches. Plus que jamais, j'ai envie de sentir mon corps et ma voix portés par cette magie, transfigurés par la musique. Je ne sais pas si je vais avoir assez de temps, maman… Mais je vais consacrer chaque parcelle de l'énergie qui me reste à réaliser ce dernier rêve, celui que tu avais et que je partageais avec toi : briller sur scène.

* * *

LOLA

Le spectacle était autant sur scène que sur le visage de Ginger ce soir. Elle était si concentrée qu'elle ne m'a pas vue la regarder. Elle vibrait à l'unisson avec les comédiens et c'était beau à voir. Elle a fredonné les paroles de certaines chansons, ses larmes n'ont cessé de couler, et moi, j'ai prié. J'ai prié pour qu'elle réalise son rêve. J'ai prié pour avoir un jour la chance de l'applaudir elle aussi sur une scène de théâtre, ici à Broadway.

Je ne suis pas médecin, mais je sens que le temps nous est compté. J'observe Ginger et je remarque les crispations, les sueurs froides, tous ces signes de douleur qu'elle cherche à cacher. Oui, le temps nous est compté, je le crains. Parce qu'elle est ma meilleure amie, parce que c'est grâce à elle que je ne passe pas ma vie enfermée chez moi, je jure de tout faire pour l'aider à y arriver. Il n'est pas question d'avoir parcouru tout ce chemin pour échouer si près du but.

* * *

GINGER

Après cette soirée riche en émotions, la fatigue m'a terrassée à peine rentrée à l'appartement. Mes paupières se fermant toutes seules, Joannie et Lola m'ont convaincue d'aller me coucher. J'ai le souvenir d'avoir posé ma tête sur l'oreiller et ensuite plus rien... jusqu'à ce que je sursaute, réveillée par un bruit de porte. J'enfouis ma tête sous le coussin, maudissant mon sommeil léger qui transforme un bruit de souris en bruit d'éléphant, quand cette fois, j'entends une respiration. Il y a quelqu'un dans la chambre, c'est une certitude. Pourtant, Lola a dû fermer la porte à clé avant d'aller se coucher, j'en suis certaine. Jamais elle n'aurait oublié. Mais alors, comment a-t-on pu entrer dans l'appartement ? Je suis tétanisée. Il fait complètement noir dans la chambre, si bien que je ne distingue rien du tout. La couette est soulevée et l'individu se couche. Si mon corps semble paralysé, mon esprit, en revanche, fonctionne à plein régime. Il enchaîne les images violentes, de l'agression sexuelle au découpage de corps en petits morceaux au couteau de cuisine. La respiration intruse ralentit, puis elle est remplacée par un ronflement sonore. Est-ce une technique new-yorkaise pour faire mourir de peur les victimes avant de les dépecer ? Les ronflements sont réguliers. Je sens un influx nerveux réapparaître dans mes orteils, puis dans mes jambes. Merci, Seigneur. Avec toutes les précautions du monde, je me glisse hors du lit, à l'affût de la moindre modification mélodique en provenance des cloisons nasales étrangères, puis je sors de la chambre à pas de loup. Je descends l'escalier, rendant grâce à Herbert pour ma perte de poids, et me précipite dans celle de Lola, que je réveille malgré moi en disposant en travers de la porte le premier truc à portée de main, un lourd portemanteau.

— Tu, hem... Il y a un souci ? articule-t-elle dans un demi-sommeil qui ne demande qu'à redevenir entier.

— Ne panique surtout pas, mais... il y a un type dans l'appartement.

— Quoi ?

— Chuuuut ! Ne crie pas ! je murmure en plaçant ma main devant sa bouche. J'étais endormie, j'ai entendu la porte de la chambre s'ouvrir et quelqu'un s'est couché dans mon lit. Le type s'est endormi et ronfle comme un camionneur. Qu'est-ce qu'on fait ?

— Mmemamamemem mmamalelm.

— Pardon, excuse-moi, dis-je en libérant la bouche de mon amie. Tu disais ?

— Il faut appeler la police ! répète-t-elle d'une voix bien trop haut perchée, avant de bâillonner elle-même sa bouche de ses mains.

Je sens la panique monter dans ses yeux. Je dois garder mon sang-froid si je veux éviter à Lola une nouvelle crise d'angoisse. Alors, je prends le temps de réfléchir deux minutes.

— C'est bizarre quand même, non ? Si tu voulais cambrioler un appart, est-ce que tu irais t'allonger dans un lit pour faire un petit somme avant ? Il ne doit pas être bien malin. À nous deux, on peut peut-être essayer de le faire décamper ?

— Comment ça, « à nous deux » ?

— Toi et moi. À deux contre un, il est minoritaire.

— Et s'il mesure 2,50 mètres et qu'il pèse 170 kilos, tu y as pensé ? Il va nous écraser comme des pucerons !

— Dans ce cas-là, on hurlera et tu composeras le 911. Qu'est-ce qu'on pourrait prendre pour le menacer ?

— Un flingue ! me répond-elle en faisant mine de chercher sur elle. Zut, on n'en a pas !

Je ne peux m'empêcher de pouffer. Lola, quant à elle, commence à avoir de la peine à respirer. Il faut faire vite. Je repère un parapluie accroché sur le portemanteau et me précipite pour le décrocher.

— Ça, ça devrait faire l'affaire. J'y vais. Tu restes en bas de l'escalier et si tu m'entends crier, tu appelles la police et tu cours te réfugier chez Joannie.

— Je ne sais pas si mes jambes vont me porter, sanglote-t-elle.

— Regarde-moi Lola, et respire un grand coup. Tu as fait pire en prenant l'avion pour m'accompagner ici. C'était bien plus effrayant et tu y es arrivée. Fais-moi confiance.

Puis, sans trop lui laisser le temps de paniquer davantage, je repousse le portemanteau et sors de la chambre, armée de mon parapluie, prête à… prête à quoi ? Le déployer en cas d'attaque de l'intrus ? Je visualise la scène et une fois de plus, je dois réprimer un éclat de rire. Ça doit être nerveux.

Je monte l'escalier, marche après marche, jusqu'à atteindre la porte de la chambre que j'ai laissée entrouverte. À l'intérieur, ça pionce toujours. Tel un cow-boy qui entre dans un saloon, je donne un coup de pied dans la porte puis me précipite pour allumer la lumière.

— Pas un geste, je suis armée ! crié-je comme dans toutes les séries policières dignes de ce nom, et en français, pour que ça fasse encore plus sérieux.

Pourquoi ça fait plus sérieux ? Je n'en ai aucune idée.

L'homme, parce qu'il s'agit bien d'un homme, se redresse en sursaut, les yeux mi-clos, la marque rouge de l'oreiller en travers de la pommette.

— Qu'est-ce que c'est que ce raffut ? Vous êtes folle de réveiller les gens comme ça ! me répond-il dans un anglais mal réveillé. J'aurais pu faire une crise cardiaque !

— Pardon, mais c'est plutôt moi qui aurais pu en faire une quand vous vous êtes couché dans MON lit, dans MON appartement, alors que j'étais endormie, je lui rétorque dans la même langue, sans une once d'hésitation.

Toutes ces heures d'entraînement à l'anglais il y a deux ans – un moyen comme un autre de remplir mes journées entre deux allers-retours à l'hôpital – n'étaient pas vaines en fin de compte. Rien que pour ce moment, elles en valaient la peine.

— Votre lit ? Mais c'est chez...
— Heeeeyaaaaaaaa !

Un cri puissant l'interrompt, poussé dans mon dos par Lola, visiblement au bord de la crise de nerfs. Elle surgit en brandissant à bout de bras une bonbonne de nettoyant pour le four, qu'elle vaporise dans la pièce avant de m'attraper la main et de me tirer en arrière pour me faire sortir. Sous le choc, je n'oppose aucune résistance et me laisse emmener dans l'escalier puis hors de l'appartement, jusqu'à me retrouver sur le palier de Joannie.

— Joannie ! Joannie ! Ouvre-nous !

Derrière la porte, Moloss aboie à s'en faire péter l'œsophage. Il ne faut que quelques minutes à Joannie pour quitter son lit dans lequel elle devait pourtant dormir profondément et venir nous ouvrir, les cheveux en bataille et un masque de nuit à moitié remonté sur le front.

— Que se passe-t-il ? Il y a le feu ?

Lola se précipite dans l'appartement, sa main toujours agrippée à la mienne. Elle referme la porte puis elle fond en larmes. Joannie, inquiète, la prend dans ses bras et tente de déchiffrer les mots incohérents qui sortent de sa bouche.

— Respire, Lola, respire. Finalement, je crois que ce type n'était pas un cambrioleur. Juste avant que tu le vaporises de Décap'four, il a dit quelque chose... Je crois que c'est le propriétaire de l'appartement.

Je lève les yeux vers Joannie à la recherche d'une confirmation. Ça lui prend plusieurs secondes, mais soudain, son visage s'éclaire.

— Gabe m'a envoyé un texto hier pour me dire qu'il rentrait plus tôt que prévu ! Il n'a rien précisé de plus, je ne pensais pas qu'il arriverait cette nuit ! Je suis si désolée.

— Il ne savait pas que son appartement était occupé ?

— *Of course*, si ! Mais il est un peu étrange parfois. *Oh my God*, il est où, là ?

— Sans doute en train de s'asphyxier dans sa chambre à cause de la soude caustique...

Cette fois, je suis prise d'un fou rire que je ne parviens pas à contrôler. Lola, elle, tremble de tout son corps. Joannie, pour sa part, hésite entre les deux.

— Tu devrais aller voir si Gabe va bien, parviens-je à lui dire entre deux spasmes, je te rejoins dans quelques minutes.

Elle se montre réticente à quitter Lola, mais elle finit par y aller. Il me faut un petit moment pour aider mon amie à recouvrer son calme. Un calme relatif puisque à l'angoisse d'une mort imminente a succédé celle d'avoir peut-être blessé quelqu'un. Joannie n'ayant pas refait surface, je réussis à convaincre Lola de descendre à notre tour afin de mesurer l'ampleur des dégâts.

* * *

LOLA

Dans l'appartement du rez-de-chaussée, la porte est entrouverte et les lumières allumées. Joannie est assise sur l'une des chaises et tamponne avec une serviette mouillée les yeux de celui que je sais désormais être Gabe. Je bouscule Ginger et me jette sur l'homme pour lui présenter mes excuses.

— Je suis désolée, je ne savais pas que c'était vous. J'ai eu si peur. Oh ! là, là ! vous êtes blessé ?

— Non, t'inquiète, lui répond Joannie. Le produit l'a à peine touché. J'ai ouvert le fenêtre, mais pas sûre que vous dormiez là-haut cette nuit.

— Vous pouvez prendre ma chambre, pas de souci. Après tout, c'est chez vous, ici. Je m'en veux, je n'aurais pas dû essayer de vous asphyxier. J'ai cru que vous étiez un cambrioleur.

— Pas un cambrioleur, dit Gabe d'une belle voix un peu rauque, juste un journaliste fatigué par un long voyage, qui voulait simplement dormir.

J'ai honte, je me confonds de nouveau en excuses. Ginger n'a toujours pas prononcé le moindre mot.

— Lui aussi devrait nous présenter ses excuses, intervient-elle soudain.

— Pardon ? C'est moi qui ai failli perdre la vue, pas vous.

— Joannie a dit que le produit vous avait à peine touché. Nous, on a failli mourir de peur, je vous signale. Qui entre dans un appartement occupé et se couche dans un lit, occupé lui aussi, sans même se poser de questions ? Vous auriez pu, je ne sais pas moi, prévenir ou dormir sur le canapé.

— Je dors mieux dans mon lit. Je ne pensais pas que s'y trouvait une Française hystérique, lui rétorque Gabe, l'air amusé par la situation.

Ginger, elle, a presque de la vapeur qui lui sort par les narines.

— Et moi, j'ignorais qu'il appartenait à un malotru comme vous ! Si vous le permettez, je vais aller récupérer mes draps. Ils sont bien trop doux et confortables pour un rustre dans votre genre.

Elle tourne les talons et nous la regardons monter les marches et disparaître dans la chambre, non sans grommeler de manière incompréhensible.

— Comment s'appelle cette Française hystérique ? demande Gabe à Joannie.

— Ginger, elle s'appelle Ginger.

— Ginger... répète-t-il à voix basse.

Je ne suis pas une experte en relations humaines, mais on dirait bien que la Française hystérique a tapé dans l'œil de l'Américain malotru. Ça promet !

— Je vais faire ma valise et nous allons vous laisser tranquille, monsieur.

— Vous n'allez rien faire du tout. Il est tard et, ne dites pas à votre amie complètement folle que j'ai dit ça, mais elle a raison, j'aurais dû prévenir. Il n'est pas question que vous changiez vos plans. Je ne vais sans doute pas rester à New York plus de quelques jours, de toute façon. Et appelez-moi Gabe.

— Gabe... Merci, mais...

— Si tu veux, propose Joannie, tu viens chez moi le temps que Gabe repart. J'ai une matelas gonflable qu'on peut mettre par terre dans ma chambre. Ce ne sera pas très confortable, mais plus simple que repartir à l'hôtel.

Je me sens aussitôt soulagée. Bien qu'il ait l'air inoffensif, Gabe est un peu bourru. J'aurais eu du mal à fermer l'œil en le sachant juste à côté.

— Et Ginger ?

— Oui, et Ginger ? répète l'intéressée, les bras chargés de son linge de lit.

— Vous pouvez prendre la chambre du bas, lui répond Gabe, je dormirai sur le canapé, je suis tellement fatigué que je pourrais m'endormir à même le sol. Est-ce que cela vous convient ?

— Cela me convient très bien. Mais si vous vous avisez de vous glisser une seconde fois dans mon lit, je serai nettement moins clémente avec vos couilles que Lola ne l'a été avec vos yeux. Dors bien, Lola, on se voit demain matin.

Puis, drapée dans sa housse de couette comme dans sa dignité, Ginger se dirige vers la chambre que j'occupais jusqu'alors et s'y enferme en claquant la porte.

— 13 —

> « *Tomorrow we'll discover what our God in Heaven has in store. One more dawn. One more day. One day more.* »
>
> **« One day more »** – *Les Misérables*

GINGER

Quand j'ouvre la porte de ma nouvelle chambre, après une nuit pour le moins agitée, Gabe est déjà attablé devant un mug fumant de café, les yeux rivés sur l'écran de son téléphone. L'espoir que l'irruption de cette nuit ne soit qu'une invention de mon esprit s'envole aussitôt. Comme il ne daigne pas s'interrompre pour me dire bonjour – politesse de base pour tout un chacun me semble-t-il, même pour les reporters revenant d'Australie –, j'en fais de même et passe devant lui pour accéder au placard et y prendre une tasse que je dispose dans la machine à café. Sa qualité haut de gamme m'a surprise la première fois. Elle détonnait avec le reste de l'appartement meublé sans aucune recherche et dans le respect minimum des besoins vitaux d'un être humain. Maintenant que j'ai en face de moi le propriétaire des lieux, je comprends mieux. L'individu n'est pas homme à boire du jus de chaussettes. Je devine qu'il ne doit pas souvent adoucir ses breuvages avec du lait. Je note de lui apprendre que sa bête de concours fait de succulents *latte macchiatto*.

— Il paraît que vous êtes mourante. Pourtant vous n'avez pas l'air à l'article de la mort.

Je me retourne d'un coup sec, si vite que je perds l'équilibre l'espace d'une seconde.

— Il paraît que vous êtes sympa. Pourtant vous avez une bonne tête de furoncle. Dans le genre nuisible, vous voyez ? À égalité avec les vergetures, les boutons d'acné et les poils de nez.

Je fulmine, prête à rebondir sur sa prochaine réplique et à l'envoyer bien comme il faut dans les cordes. Contre toute attente, il éclate de rire.

— Pardon. Voilà la preuve que j'ai passé trop de temps dans le bush à observer des types dont la conversation se résume à des claquements de langue pour mener leur bétail.

— Vous m'avez accordé quelques mots, j'imagine que je dois me sentir flattée ?

Un immense sourire s'installe sur son visage et ça m'agace au plus haut point. J'ai envie de lui coller la tête dans sa machine à espressos hors de prix pour la moudre comme du café.

— Ginger, c'est ça ? Ce prénom vous va comme un gant. Si nous devons cohabiter pendant quelques jours, je suggère que nous repartions sur de bonnes bases.

— Celles où vous ne me balancez pas mon cancer, à jeun, alors que nous ne nous connaissons même pas ?

— Celles-là même. Pour clore sur ce sujet, c'est Joannie qui m'a dit que vous aviez... Elle m'a dit qu'il ne vous restait plus beaucoup de temps. Je m'étais représenté, disons, autre chose. Je ne m'attendais pas à rencontrer une aussi belle femme que vous.

Je déteste ce genre de faux compliment, je rembarre tous ceux qui m'abordent de cette manière. Pourquoi faut-il que cette fois-ci, ces mots me fassent rougir ?

— Joannie a dit vrai. J'ai un cancer. Un cancer du sein, pour être précise. Et c'est une récidive. J'ai décidé de ne pas me faire soigner. Parce que si c'est pour vomir mes tripes et perdre mes cheveux, c'est bon, j'ai déjà donné. Avec quel résultat... Alors, oui... je vais mourir. Je ne sais pas quand, je ne sais pas où, mais je vais mourir...

C'est étrangement simple de parler de tout ça à un parfait inconnu – sans doute parce que je ne lui accorde même pas la valeur d'un cloporte.

— ... et pour être honnête, je suis morte de trouille. Voilà, vous savez tout. Vous pouvez à présent vous fendre du genre de remarque désagréable dont vous avez le secret.

— Un café ? me propose-t-il après quelques instants de silence.

— Plutôt un *latte machiatto*. Vous devriez essayer, un peu de douceur ne vous ferait pas de mal.

Une nouvelle fois, ma remarque le fait sourire. Je le regarde, avec délectation, se débattre avec la machine avant de trouver l'option *latte*. Il se sert ensuite un espresso plus caféiné tu meurs.

— La douceur, ça n'a jamais été mon truc, me dit-il en posant les deux tasses sur la table avant de se rasseoir. Toutes ces boissons de bonne femme, ça n'a aucun intérêt.

— Pourquoi avoir acheté une telle machine, alors ?

— C'est Joannie qui me l'a offerte. Elle en avait marre de descendre tout son attirail pour se préparer une boisson chaude ici.

— Tout s'explique.

— Comment ça ?

— Votre appartement est... disons, spartiate.

— Est-ce qu'il manque quoi que ce soit ? Il y a tout le nécessaire pour manger, se laver et dormir. Que faudrait-il d'autre ?

— Je ne sais pas moi... Un peu de déco ? Quelque chose qui rendrait cet endroit moins impersonnel, plus chaleureux ?

— Je ne suis pas là très souvent, c'est donc un appartement fonctionnel, qui répond à mes besoins. Je n'ai ni le temps, ni l'envie de courir les boutiques à la recherche d'un vase ou d'un tableau dont je n'aurai aucune utilité.

— Si vous m'étiez sympathique, j'aurais de la peine pour vous. Un « chez-soi » dans lequel on se sente bien, dans lequel on a envie de passer du temps, c'est essentiel pour l'équilibre. Si l'être humain était fait pour vivre dans des halls de gare, ça se saurait. Pas de port d'attache, pas d'attaches tout court non plus, j'imagine ?

— Vous imaginez bien. Et ça me convient parfaitement. Ma liberté est ce que j'ai de plus précieux. Devoir rendre des comptes à quelqu'un, ce n'est pas pour moi. Je ne veux pas de chaîne autour du cou.

— Même s'il ne me reste plus que quelques semaines à vivre sur cette Terre, pour rien au monde je n'échangerais ma place avec la vôtre. Je ne crois pas que la solitude soit le prix de la liberté.

— Est-ce qu'on est obligé de philosopher de si bon matin ? Vous savez pourquoi j'aime vivre seul ? Pour boire mon café tranquille.

— C'est vous qui me faites la conversation ! Je n'ai rien demandé, moi. Pourquoi vous restez assis là, si ça ne vous convient pas ?

— Parce que je suis chez moi. C'est vous l'intruse, que je sache.

Quel sale type ! J'avale d'une traite mon *latte* encore chaud et me brûle l'œsophage au passage. Hors de question de passer une minute de plus avec lui. J'en ai croisé des nazes dans ma vie, mais alors des abrutis de compétition comme lui, jamais. Vivement qu'il reparte dans le bush étudier les kangourous.

* * *

LOLA

J'ouvre un œil et je cherche à tâtons l'interrupteur de la lampe de chevet. Quelle heure peut-il bien être ? Après une longue minute de recherche infructueuse, j'ouvre un deuxième œil et l'espace d'un instant, je ne sais pas où je me trouve. Je me redresse brutalement et tente d'enrayer la panique qui commence à monter. *Respire, Lola, respire*. Et puis, ça me revient, par flashs. Je suis chez Joannie, dans sa chambre. Elle a gonflé un matelas pour moi. Hier, en pleine nuit, le propriétaire de l'appartement dans lequel on logeait a débarqué sans prévenir. Et j'ai cherché à le tuer avec du Décap'four...

Le lit de Joannie est vide, mais je l'entends chantonner. Quand j'ouvre la porte de la chambre, je l'aperçois derrière les fourneaux, Moloss collé à ses pieds, en quête d'une miette qui tomberait inopinément du ciel. De délicieux effluves de beurre fondu et de sucre me font saliver.

— Je suis en train de faire cuire des pancakes, me dit-elle dès qu'elle me voit. Rien de mieux que des pancakes pour le *breakfast*.

Son visage s'éclaire d'un grand sourire et je me sens rougir.

— *You like pancakes*, j'espère ?

— Oui, oui... bredouillé-je. Pardonne-moi, je suis un peu dans le brouillard ce matin.

— C'est à cause de Gabe. Il a été un idiot d'être débarqué comme ça. Il aurait dû me dire.

— Ginger... J'espère que ça s'est bien passé avec lui...

À peine ai-je prononcé ces mots qu'on frappe plusieurs coups à la porte. Joannie s'empresse d'ouvrir.

— J'en ai rencontré des cons, croyez-moi, j'en ai rencontré un paquet. Mais, ce type, là... C'est... Rrrrrrrr, le summum ! rage-t-elle en me rejoignant à la table de la cuisine. Je ne sais pas comment tu fais pour le supporter, Joannie, ni d'ailleurs si tu le supportes – tu lui as offert une machine à café de luxe, donc tu dois l'aimer un peu –, à peine une demi-heure de conversation avec lui et j'ai envie de lui faire frire les yeux dans un bain de cuisson. D'ailleurs, ça sent drôlement bon, qu'est-ce que tu cuisines ?

— Joannie a préparé des pancakes.

— J'étais persuadée que c'était un cliché de série américaine, la maman qui prend le temps le matin de cuisiner des pancakes ou des gaufres avant que ses enfants ne partent à l'école avec une *lunchbox* garnie de crudités et de fromage en bâtonnets… Mais je serais ravie de goûter à tes pancakes, Joannie.

Cinq minutes plus tard, chacune de nos assiettes contient un tas de pancakes fumants, sur lesquels Joannie fait couler une bonne dose de sirop d'érable, avant de déposer sur le dessus quelques rondelles de banane.

— Que s'est-il passé avec Gabe ? j'interroge Ginger. Tu as l'air furax.

— Rien de particulier, ce type est juste exaspérant. Et très mal élevé. Il m'a demandé si c'était vrai que j'étais mourante. Avant même de me dire bonjour. Je ne crois pas d'ailleurs qu'il ait eu l'intention de me saluer.

— *I'm sorry*, je suis désolée, c'est ma faute. Je lui ai dit pour ton maladie… Pardon. C'était mauvaise idée.

— Je ne t'en veux pas. Il aurait très bien pu garder ça pour lui. Ensuite j'ai eu droit à la complainte du type sans attaches, qui tient plus que tout à sa liberté et voit les relations avec les autres comme des boulets à la cheville. En un sens, ça vaut mieux, vu son caractère et sa maladresse, elle n'est pas née celle qui réussirait à le supporter. Tu le connais depuis longtemps, Joannie ?

— Assez oui. C'est une ami de mon frère. Mon frère vivait dans l'appartement avant de se marier et de déménager au Texas. C'est Gabe qui a pris l'appartement à son place. Il n'a pas toujours être comme ça. Il était gentil garçon, mais son fiancée est morte dans un *car accident* et depuis... Je crois qu'il est toujours malheureux. Son travail, c'est pour oublier.

— Oui, bah, ça ne change rien au fait qu'il soit mal élevé et... mal élevé, bougonne Ginger, bien moins virulente. Ce n'est pas en tenant la vie à distance qu'on prend le dessus sur elle. Au contraire. On laisse seulement la tristesse l'emporter, quand on agit comme ça.

— Tu devrais lui raconter pour toi, suggéré-je. Ça pourrait peut-être l'aider.

— Certainement pas ! Monsieur aime habiter seul dans son appartement sans âme et boire son café en paix, qu'il continue ainsi. Ça m'est complètement égal, je me fiche de la manière dont il mène sa vie.

Je devine pourtant que mon amie est chamboulée. Je crois même que le séduisant et bourru Gabe ne la laisse pas indifférente. Dommage qu'il reparte dans quelques jours, ça aurait pu être intéressant de voir ces deux-là se tourner autour.

— Oh, oh, je faillis oublier ! s'écrit soudain Joannie avant de se lever et de se précipiter sur son sac à main. Voilà pour toi, dit-elle en tendant une carte à Ginger. Hier, mon amie chanteuse m'a présenté son agent et j'ai un rendez-vous avec elle la semaine prochaine. Vas-y à mon place, Ginger. *It's more important for you.*

Ginger ouvre des yeux ronds en fixant la carte entre ses mains soudain tremblantes.

— Tu me laisserais aller voir cet agent à ta place, alors que c'est peut-être la chance de ta vie ?

— J'en aurai d'autres, toi peut-être pas.

L'espace d'un instant, Ginger semble parcourue d'un léger frisson, comme si elle avait besoin de se secouer pour y croire, puis elle se reprend.

— Je suis très touchée par ton geste, Joannie, vraiment, mais il n'en est pas question, refuse-t-elle en posant la carte de visite sur la table avant de la faire glisser vers Joannie. Je ne peux pas accepter. Pour toi déjà, parce que ce ne serait pas juste, et pour moi aussi. Parce que je ne veux pas avoir à remercier Herbert. Je ne veux pas me demander si c'est la pitié que j'inspire qui m'a ouvert des portes. Si j'y allais, ce serait uniquement parce que tu as de la peine pour la petite Française qui va mourir de son cancer. C'est adorable de ta part, mais je ne veux pas de traitement de faveur, pas de passe-droit. Je vais attendre l'audition pour *La Belle et la Bête*, c'est déjà une chance de t'avoir rencontrée pour ça.

Ginger est très émue, je le vois à ses doigts qui tremblent toujours. Joannie, elle, a les larmes aux yeux. Quant à moi... J'ai l'impression que ma poitrine est devenue trop petite pour mon cœur.

— On a l'air belles toutes les trois au bord des larmes devant nos pancakes, reprend Ginger. Allez, on ne laisse pas Herbert gagner. Je propose qu'on se réjouisse plutôt pour cet entretien que tu vas avoir. C'est le début d'une grande carrière, je le sens. À ton succès, Joannie !

* * *

Je ne pensais pas qu'un jour, j'aurais autant de difficultés à me concentrer pour mener à bien une traduction. Mon métier a toujours été pour moi comme un refuge, un moyen d'échapper à mes angoisses. Quand je suis plongée dans un texte, je ne pense plus à rien d'autre, je ne m'angoisse plus pour tout et n'importe quoi.

Aujourd'hui... Cela fait une bonne demi-heure que je suis sur la même phrase, pas bien compliquée pourtant, mais ça ne veut pas. Mon attention est sans cesse déviée de sa trajectoire, attirée par un détail de décoration de l'appartement de Joannie, comme ce miroir baroque qu'elle a repeint en rose et qui trône au-dessus de son canapé... Ou plus étrange encore, par l'activité à l'extérieur, que je perçois derrière les hautes fenêtres. Moi qui ai toujours considéré le monde comme une somme de menaces toutes plus terrifiantes les unes que les autres, j'ai soudain envie de le découvrir. C'est comme si je ne me reconnaissais plus. Ginger et Joannie sont parties faire du shopping et j'ai presque regretté qu'elles n'insistent pas pour que je les accompagne après mon premier refus pour cause de texte à rendre. Moi ? Faire du shopping ? Il y a quelque chose qui ne tourne pas rond.

— Tu vas finir par angoisser de ne pas être angoissée, ma petite Lola, dis-je à voix haute. Si ce n'est pas ridicule...

Quand les deux comparses déboulent dans l'appartement, les bras chargés de paquets, je n'ai traduit que cinq paragraphes. Même une tortue des Galápagos sous Lexomil serait allée plus vite que moi.

— Surprise ! s'exclame Joannie en me tendant un paquet. Cadeau pour toi.

— Comment ça ? Il ne fallait pas. Ce n'est pas mon anniversaire.

— On sort ce soir. Et je voulais t'offrir une jolie robe. Je réservé une table pour Ginger, Gabe et toi dans mon restaurant, et je me suis dit que peut-être une jolie robe nouvelle ferait plaisir à toi.

Je soupçonne Ginger d'avoir vendu la mèche de la pauvreté de ma garde-robe. Gênée, j'ouvre le sac et en sors une robe à petites bretelles en mousseline bleu turquoise d'une douceur incroyable.

— Elle est magnifique. Mais vraiment, vous n'auriez pas dû. Je… Merci. Donc Ginger, Gabe et moi, on dîne dans ton restaurant ?

— Avec un peu de chance, l'Américain en transit déclinera l'invitation, grommelle Ginger.

— C'est une occasion particulière ? je poursuis sans tenir compte de la remarque de mon amie.

— Non, pas de raison. C'est parce que j'ai envie d'avoir mes amis, c'est tout.

Ses yeux pétillent, elle a une idée en tête, j'en suis certaine. Si elle espère que Ginger en vienne à de meilleurs sentiments concernant Gabe, elle risque d'être déçue. Je la connais, quand elle a quelqu'un dans le nez, elle n'en démord pas.

* * *

Jamais je n'aurais osé acheter ce type de robe toute seule. Beaucoup trop décolletée, beaucoup trop colorée, beaucoup trop tout. Et pourtant, depuis cinq minutes, je m'observe sous toutes les coutures, le sourire aux lèvres. Je me trouve jolie. Bien moins élégante que Ginger, mais jolie.

— *Ready ?* me demande Joannie après avoir toqué à la porte et passé une tête dans l'embrasure. *Wonderful !* Je sais que tu serais très belle dans cette robe.

Je lui souris.

Ginger, qui nous attend avec Gabe en bas de l'immeuble, est sublime dans sa robe en taffetas noir. Le jupon est si volumineux que je me demande comment elle a réussi à le faire entrer dans sa valise. À ses côtés, Gabe est en jean, mais a pris la peine de mettre une chemise blanche. Il reste malgré tout très séduisant, avec sa barbe de trois jours et ses cheveux un peu en bataille. Tous les deux sont silencieux, la hache de guerre est donc loin d'être enterrée.

La fin de journée est agréable, nous nous mettons en route pour le restaurant. Il y a plein de gens dans la rue et personne ne semble trouver étrange de croiser trois hurluberlus habillés comme pour un mariage. Ici, à New York, tout est normal ou presque. Joannie babille, guillerette. Ginger est un peu en retrait. Elle s'arrête même à plusieurs reprises, prétextant admirer tel ou tel bâtiment, mais en réalité par nécessité de reprendre son souffle. Je ralentis le pas et me mets à son niveau.

— Je ne sais pas ce que tu en penses, mais je sens que Joannie mijote quelque chose.

— Je me suis fait la même réflexion.

— Tu crois que ça a à voir avec Gabe ?

— Espérons que non ! Rien qu'à l'entendre respirer, ce type me donne envie de l'assommer avec une pelle.

— Je ne te savais pas si violente !

— Moi non plus. Ça n'est pas désagréable, à vrai dire. Quand je m'imagine lui défoncer le crâne avec une louche, je ne pense pas à Herbert...

— Je vous laisse vous asseoir, nous indique Joannie, alors que nous arrivons devant le restaurant. Jim va s'occuper de vous. Il faut que j'aille me changer pour le service. *Bye*, à tout à l'heure.

* * *

L'angoisse de choisir un plat n'a pas disparu. Pourquoi quelque chose d'aussi basique continue-t-il à me causer autant d'anxiété ? J'ai fait bien pire, depuis dix jours que nous sommes ici. C'est comme si j'avais eu à choisir dix mille plats au moins ! Pourtant, cela fait cinq minutes que je fixe cette carte et je sens que mon pouls s'accélère.

— Je crois que je vais prendre un *Be bop a lula* avec un double steak, déclare Ginger. Quitte à mourir, autant arrêter de s'emmerder avec les calories. Pendant des années, j'ai fait attention, pour ce que ça m'a apporté... Au diable le *healthy*, vive le gras.

— La même chose pour moi, annonce Gabe. En bon Américain qui se respecte, je ne peux pas laisser une Frenchie l'emporter sur le terrain du burger. Avec un supplément oignons, demande-t-il au serveur, une lueur de défi dans le regard.

— Et pour vous ? me demande inexorablement Jim.

Nous ne sommes que trois, alors une fois que les deux autres ont commandé, il est logique que tous se tournent vers moi. Je me sens oppressée. Est-ce que ma vie dépend du choix entre un burger et un hotdog ?

Assurément, non. Mais, si ça se trouve, je ne reviendrai plus jamais dans ce restaurant, je dois donc retenir le plat parfait. Un plat dont je me souviendrai et que je ne regretterai pas d'avoir choisi. Ce qui, hélas, est mon cas la plupart du temps. Oui, bon, tout le temps.

* * *

Devant ma soupe *Chicken Matzo Ball*, mes *Stardust Nachos* et mon *Grilled Cheese Tomato Bacon*, je me demande si cet emballement était nécessaire. Parce qu'il va falloir manger tout ça, maintenant. Je pouvais commander juste un plat, c'était facile pourtant. Je n'avais qu'à lire au serveur la ligne qui m'intéressait, point. Comme n'importe quel être humain normalement constitué. Non, il a fallu que je prenne deux entrées et un plat. Misère.

Le restaurant est plein à craquer. Nous apercevons Joannie de temps en temps qui nous fait de petits signes de la main.

L'ambiance à notre table se rapproche de celle d'un ring de boxe. Ginger et Gabe se lancent des piques à tour de rôle, étalant ainsi leur inimitié et leurs désaccords à tous les niveaux. Comme il me semble préférable de ne pas m'en mêler, je garde mes distances et me concentre sur toutes les assiettes copieusement garnies disposées devant moi.

Soudain, Joannie se campe face à notre table. Je savais qu'elle nous préparait quelque chose. J'essaie d'attraper son regard pour tenter de la dissuader. Ginger et Gabe, c'est peine perdue.

— Ce soir, ce n'est pas moi que vous allez entendre chanter, commence-t-elle en anglais, ce soir, je vais laisser la place à une femme de grand talent. À une femme qui se rêve chanteuse depuis qu'elle a quinze ans. À une femme forte et courageuse. Je vous présente mon amie Ginger.

Hein ? C'était donc ça... Il n'y avait pas de plan pour Ginger et... Comment ai-je pu me tromper à ce point sur les intentions de Joannie ? Je tourne la tête vers Ginger. Elle est blême.

* * *

GINGER

— *... Ce soir, ce n'est pas moi que vous allez entendre chanter, ce soir, je vais laisser la place à une femme de grand talent. À une femme qui se rêve chanteuse depuis qu'elle a quinze ans. À une femme forte et courageuse. Je vous présente mon amie Ginger.*

J'ai dû mal entendre. Ce ne doit pas être moi dont il est question. Des Ginger, il doit forcément y en avoir d'autres dans ce restaurant.

Joannie s'approche et me glisse dans l'oreille qu'elle a négocié avec sa patronne et que je vais prendre sa place ce soir, pour la partie chant. Elle continuera juste à assurer le service en salle.

— Mesdames et messieurs, je vous demande de l'applaudir chaleureusement et de l'encourager. C'est une première pour elle ce soir, alors elle est un peu intimidée.

Intimidée ? *Non ! Pas du tout !* Qui serait intimidée dans une situation pareille ? Des tas de gens, mais pas moi. En ce qui me concerne, je ne suis pas juste intimidée, je suis terrorisée. Avec fébrilité, je tourne la tête puis croise le regard de Lola qui m'encourage à me lever et à prendre le micro que me tend Joannie.

— Mais... Je ne sais pas quoi chanter...

Les premières notes de *Make you Feel my Love* retentissent. Les battements de mon cœur s'accélèrent et une larme roule le long de ma joue. Cette chanson. Ici. Tout se brouille et se met à tourner. Je tangue, et sens confusément que je perds l'équilibre, avant d'être rattrapée par les bras de Gabe qui me remettent d'aplomb. Il ne prononce pas le moindre mot, mais ses yeux sondent les miens, comme pour me demander si tout va bien, s'il peut faire quelque chose, et s'il peut me lâcher. Je le rassure, m'accroche au micro comme à une bouée de sauvetage, ferme les yeux. Et la magie opère. Je chante. Au milieu de ce restaurant bondé, à New York, je chante. Comme si c'était la dernière fois. Jusqu'à la dernière note.

Les applaudissements fusent. Une fois de plus, je manque de perdre l'équilibre, choquée et émue, et c'est de nouveau Gabe qui me rattrape.

Lola applaudit à tout rompre. Elle aussi a les joues baignées de larmes, qui atterrissent dans les trois énormes assiettes qu'elle a commandées.

— Bravo ! me félicite Joannie. *You're a star !* Tu continues maintenant, *alright* ?

D'accord ? Je ne sais pas si je suis d'accord ! Il y a beaucoup de monde ici. Et qu'est-ce que je pourrais bien chanter d'autre ? C'est de la folie. C'est dingue.

Mais j'accepte. Joannie sautille, heureuse, et me prend la main pour m'emmener dans une sorte de coulisses. Elle m'explique rapidement que je pourrai chanter à six reprises, que je peux choisir tout ce que je veux comme chanson, il suffit de donner le titre au barman.

Puis elle me laisse et retourne à son service. Derrière la porte, c'est la caverne d'Ali Baba. Des costumes, des perruques, du maquillage, beaucoup de maquillage, et des portants de vêtements et d'accessoires. Je passe mes doigts sur les sequins des robes, je caresse l'étoffe des chapeaux. Mon reflet m'accroche dans le miroir. J'ai bien fait de mettre cette robe, je me trouve plutôt jolie avec. Et sa forme masque ma perte de poids que je devine désormais conséquente. S'il y a bien une chose que je me suis promise au début de la maladie, c'est de ne pas me peser. Je ne veux pas savoir si je maigris, je refuse que ça me limite.

Une des serveuses entre dans le vestiaire et m'apprend que ce sera bientôt à moi. J'ai à peine le temps de vérifier mon maquillage, qu'elle m'attrape par le bras et me guide vers la salle.

Je me creuse les méninges pour trouver une chanson. J'en connais des centaines bien sûr, mais il ne m'en vient aucune. Et puis soudain… je griffonne en toute hâte sur un petit papier que je glisse au barman, qui valide mon choix d'un hochement de tête. Je positionne mon micro contre ma bouche et…

« *La fille de joie est belle, au coin de la rue là-bas. Elle a une clientèle qui lui remplit son bas. (…)*

« *Elle écoute la java, mais elle ne la danse pas, elle ne regarde même pas la piste. Et ses yeux amoureux suivent le jeu nerveux et les doigts secs et longs de l'artiste. »*

Je prends une grande inspiration.

« Ça lui rentre dans la peau, par le bas, par le haut, elle a envie de chanter c'est physique. Tout son être est tendu, son souffle est suspendu, c'est une vraie tordue de la musique ! »

Les paroles et la musique m'emportent dans un tourbillon qui fait honneur à mon jupon. Je chante pour les clients qui sont là, je chante pour Lola, pour Joannie. Je chante pour ma mère. Et je chante pour moi.

C'est ainsi que se déroule la soirée. J'attends que l'on vienne en loge m'informer que c'est à moi, je glisse un nouveau petit papier au barman et j'attends les premières notes pour me jeter sur scène. Il n'y a pas de planches, pas de spots, pas de rideau, mais c'est une scène pour moi. Je chante et les gens écoutent et applaudissent.

Maman, si tu savais comme c'est bon.

LOLA

Quelle soirée, mais quelle soirée ! Ginger a été… incroyable ! Prise par surprise, elle ne s'est pas démontée et a chanté devant des centaines de personnes, ici, à New York. Je sais que ce n'est pas tout à fait le vœu qu'elle a formulé, mais je ne peux m'empêcher de penser que s'il devait lui arriver malheur plus tôt que prévu, elle aura au moins eu la chance de vivre ça. À sa place, j'aurais été incapable de me lever de ma chaise.

Je ne sais déjà pas passer une commande sans paniquer, alors ce n'est pas demain que je réussirai à chanter devant un public qui ne me lâche pas des yeux.

Gabe aussi était subjugué pendant qu'elle chantait. J'étais si fière d'elle, j'avais envie de dire à tout le monde : « C'est mon amie ! »

Bien qu'il ne soit pas très tard, nous sommes tous épuisés. Ginger a dû dépenser beaucoup d'énergie lors de sa performance. Elle qui peinait déjà à marcher jusqu'au restaurant à l'aller, a eu d'importantes quintes de toux sur le chemin du retour, au point que j'ai même fini par lui demander s'il ne fallait pas qu'elle voie un médecin ou qu'on aille à l'hôpital… Ce qu'elle a refusé aussi sec. « Tu sais bien qu'à la minute où je mettrai les pieds dans un hôpital, ils ne voudront plus que j'en sorte. Je vais rentrer me coucher et tu verras que demain, je serai de nouveau en pleine forme. C'est juste un peu de fatigue, Kit, ne t'inquiète pas. »

Je regarde Gabe déverrouiller la porte de son appartement et s'effacer pour y laisser entrer Ginger. Elle est tellement vidée qu'elle ne trouve rien à lui reprocher, elle m'adresse un dernier petit signe de la main.

Joannie et moi sommes accueillies par les aboiements de Moloss, indigné d'avoir été abandonné à son triste sort toute la soirée. Et pour être certain que nous ne passions pas à côté de son courroux, il a disséminé aux quatre coins de l'appartement des chaussettes chipées dans le panier de linge propre que sa maîtresse avait, erreur fatale, oublié sur le canapé.

Mais cela n'entache pas le bonheur de cette soirée.

— Joannie… Je voulais te dire… merci pour ce que tu as fait pour Ginger. Je ne sais pas comment tu as réussi à convaincre ta boss de la laisser chanter, mais merci. Tu lui as sans doute offert l'un des plus beaux moments de sa vie. Quelle chance nous avons eue de faire ta connaissance. Tu es une femme extraordinaire.

Nous sommes assises sur le canapé, et, sans crier gare, elle s'approche de moi et pose ses lèvres sur les miennes. Surprise, je reste d'abord sans réaction. Puis, petit à petit, je sens mes muscles se détendre et un frisson parcourir ma moelle épinière de haut en bas. Mes lèvres s'entrouvrent et je réponds à son baiser. Une onde de chaleur se répand à l'intérieur de mon corps. Joannie se rapproche encore un peu de moi, son baiser se fait plus pressant. Elle me caresse le bas du dos. C'est alors que je réalise ce qui est en train de se passer. Joannie et moi. Nous nous embrassons. La panique fait reculer en un instant la montée du plaisir. Ce n'est pas bien. Je ne suis pas...

Alors je m'écarte brutalement et je me lève.

— Je... Il faut que j'aille me coucher. Il est tard et j'ai beaucoup de boulot qui m'attend demain. Merci encore... pour Ginger. Ce que tu as fait pour elle... merci encore, bafouillé-je avant de me précipiter dans la salle de bains et de m'y enfermer, les joues rouges de honte.

Mon cœur bat de façon désordonnée, je respire mal, ma vue se brouille. Je glisse le long du mur jusqu'au sol. Des crises d'angoisse, j'en ai fait des milliers dans ma vie, mais celle qui se pointe dépasse de loin toutes les autres. La pièce se met à tourner et je suis prise de nausées. Mon estomac se soulève au gré des spasmes incontrôlables qui me tirent vers le fond chaque fois un peu plus. Je vais m'évanouir, je le sens...

Est-ce que j'ai crié ? Je ne sais pas. Sûrement. Parce que je sens soudain quelqu'un me tirer par les bras, puis de l'eau chaude couler sur moi. Pendant combien de temps ? Impossible à dire. La panique finit par s'atténuer, avant de disparaître complètement. Peu à peu, je reprends mes esprits, je reprends possession de mon corps. Je frissonne. Ma robe me colle à la peau. Je suis assise dans la douche, trempée jusqu'aux os. J'ai froid.

Joannie me regarde, inquiète.

Je voudrais trouver quelque chose à lui dire. Aucun son ne sort.

Elle me sourit, elle ne semble pas fâchée. Elle attrape une serviette pendue à un crochet et elle m'enroule dedans.

— Tu m'as fait peur.

Elle me frictionne. Elle ne me demande pas d'explication et je lui en suis reconnaissante. De toute façon, il n'y a rien d'intéressant à dire. Mon estomac émet un gargouillis des plus significatifs. Comme après chaque crise, j'ai faim.

Joannie éclate de rire, l'incident est clos.

— 14 —

> *« There's something sweet and almost kind*
> *But he was mean and he was coarse and unrefined*
> *And now he's dear, and so unsure*
> *I wonder why I didn't see it there before. »*

« Something There » – ***The Beauty and The Beast***

LOLA

J'ai attendu de l'entendre quitter l'appartement pour ouvrir les yeux. J'étais réveillée depuis un moment, mais je n'étais pas prête à l'affronter. Ce baiser, c'était… Je chasse tant bien que mal de mon esprit le souvenir de cette fin de soirée. Je ne veux pas y penser. Pas maintenant. J'ai mal à la tête et je me sens encore un peu patraque après ma crise d'angoisse d'hier soir. Est-ce qu'un jour, je serai débarrassée de ce handicap qui m'empêche de vivre ? Je voudrais pouvoir ressentir des émotions, même fortes, sans que cela ne se transforme en cauchemar, sueurs froides et peur panique.

Joannie a laissé un mot sur la table.

« *Je suis partie running, pas voulu te réveiller, il était tôt ce matin. I have ensuite une big day, avant d'aller au restaurant ce soir. Je serai à la maison vers midnight. Don't worry, everything is fine. Your time will be my time.*

XOXO, Joannie »

Après l'interruption brutale de notre étreinte hier, je m'attendais à tout sauf à ce qu'elle soit compréhensive. Résultat, j'ai encore plus honte de mon attitude. Qu'est-ce qui ne tourne pas rond chez moi ? Joannie est une femme exceptionnelle, drôle, généreuse et très attirante. Alors, pourquoi je réagis comme ça ? Pourquoi j'ai envie de m'enfuir à l'autre bout du pays ? Enfin, disons à l'autre bout du quartier, soyons lucide...

Quand je rejoins Ginger dans son appartement, elle est assise derrière un ordinateur, avec une tasse de café fumante qui embaume toute la pièce.

— Gabe n'est pas là ? je demande.

— Non, il n'est pas là.

— Tu... ne lui as pas fait de mal au moins ?

Ginger lève les yeux de son écran, surprise par ma question.

— Non, pourquoi ? Il avait un rendez-vous très tôt avec sa rédactrice en chef de je ne sais quoi pour le magazine qui l'emploie. Je ne lui ai pas posé de questions, comme tu le sais, je me fiche royalement de ce qu'il peut bien faire de ses journées. Tant qu'il n'est pas dans les parages, ça me va. Quel odieux personnage, se sent-elle obligée d'ajouter.

Est-ce qu'elle a d'ores et déjà conscience que son inimitié n'est en réalité pas autre chose qu'une attirance ? Je n'en suis pas sûre.

— Qu'est-ce que tu fais ? je demande en m'asseyant à côté d'elle.

— Je réfléchis au rôle que je vais présenter pour l'audition. Est-ce que tu me verrais plutôt en Mrs Potts, en Featherduster ou en Wardrobe ?

— Heu… C'est qui, Featherduster ? Et, c'est qui, Wardrobe ?

— Je vois qu'on ne connaît pas ses classiques, me taquine Ginger. Featherduster c'est Plumette, la petite amie de Lumière, le chandelier. Ça m'aurait bien plu d'ailleurs, le rôle de Lumière, mais ce personnage a l'air d'être toujours joué par un homme. Et Wardrobe, c'est l'armoire.

— Pourquoi pas Belle ? Ce n'est pas elle, la reine du spectacle ?

— Parce que jamais les producteurs ne prennent une débutante pour jouer un premier rôle. C'est trop risqué pour eux. La fille ne connaît pas la réalité du métier et peut péter un câble à tout moment. Joannie m'a expliqué que c'était une erreur commise par beaucoup de filles. Elles veulent devenir des stars, mais sans passer par l'adoubement du public. Elles postulent donc sur des premiers rôles sur lesquels elles sont très rarement prises. Je n'ai pas cette prétention, un second rôle, même tout petit, m'ira parfaitement. Alors, à ton avis ? Mrs Potts, Wardrobe ou Featherduster ? L'audition est dans deux semaines, il est temps que je m'y prépare.

Je me laisse tomber sur une chaise à côté d'elle et m'apprête à lui répondre que je la vois bien en Mrs Potts, mais les sanglots remplacent les mots. Voilà ce qui arrive quand on contient trop ses larmes. Ça finit par déborder, et à n'importe quel moment.

— Oh, Kit, ça ne va pas ? me demande aussitôt Ginger en refermant son ordinateur portable. C'est la perspective de l'audition qui t'angoisse ? Tu sais, ça ne veut pas dire que je vais mourir juste après. Si ça se trouve, la vie va me jouer un des tours dont elle a le secret et transformer les semaines en mois.

— Non, ça n'a rien à voir avec ça, hoqueté-je, tout en cherchant à éponger les rivières qui jaillissent de mes yeux. Pardon, pardon, on dirait que je n'ai pas pleuré depuis des semaines.

Ginger se lève, me prépare une boisson chaude qu'elle me tend.

— Bois ça, ça va te réconforter et ensuite tu me diras ce qu'il se passe.

Je porte la tasse à mes lèvres et bois une gorgée du breuvage. C'est brûlant, mais ça a un bon goût de vanille et de chocolat blanc.

— Joannie... m'a embrassée hier, dis-je au bout de quelques minutes, après avoir repris possession de mes moyens. Elle a posé sa bouche sur la mienne, je répète en voyant que Ginger ne réagit pas.

— Merci, je sais encore ce que c'est d'embrasser quelqu'un. J'en ai un lointain souvenir, certes, mais quand même. Et ?

— Quoi « et » ? Joannie m'a embrassée !

— J'ai compris. C'était bien ? Tu as eu envie que les choses aillent plus loin avec elle ?

— C'était... mais peu importe comment c'était ! Joannie m'a embrassée et c'est... Joannie. Une femme. Et moi, je suis...

— Une femme aussi, oui. Où est le problème, Lola ? Joannie a craqué sur toi depuis le début, je te l'ai dit et je sais qu'elle te plaît aussi. Je suis même à peu près certaine que tu as apprécié ce petit rapprochement corporel d'hier et que c'est pour ça que tu es chamboulée.

— Tout est toujours facile pour toi, Ginger, mais ce n'est pas le cas pour tout le monde, figure-toi, répliqué-je, cassante.

— « Tout est toujours facile » pour moi ? C'est toi qui me balances ça ? Un crabe est en train de me dévorer de l'intérieur et crois-moi sur parole, c'est tout sauf facile. Je suis en train de mourir et ça aussi, c'est tout sauf facile. Alors, excuse-moi de ne pas trouver très dramatique qu'une fille géniale et qui te plaît t'ait embrassée. Toi et moi, on n'a vraiment pas le même genre de problèmes.

— Tu n'as pas le droit de me balancer ton cancer comme ça à la figure à tout bout de champ. N'oublie pas que j'ai tout plaqué pour t'accompagner ici, je n'ai pas hésité à mettre ma vie entre parenthèses pour toi.

— Ta vie ? Mais quelle vie, Lola ? Celle où la moindre petite chose te coûtait des unités d'angoisse ? Tu as peut-être trouvé l'amour en m'accompagnant ici, je te signale, alors tu devrais me remercier plutôt que de te plaindre. Qu'est-ce que j'ai moi, hein ? Qu'est-ce que j'ai ? Rien du tout, à part la mort au bout des doigts !

— Tu es injuste, Ginger. Je...

Les larmes me brouillent la vue. Je manque d'air. Il me faut de l'air. Je me lève et repousse ma chaise si brutalement qu'elle en bascule en arrière. Mes oreilles bourdonnent. Il faut que je sorte d'ici.

* * *

Comment a-t-elle pu ? Ce n'était pas Ginger, non, impossible. Je pensais qu'elle était mon amie, qu'elle me comprenait... Comment a-t-elle pu ?

Quelqu'un, assis sur une chaise en ferraille derrière une table sur laquelle un échiquier est peint, me fait signe de la main. C'est Gabe. Mes pas m'ont conduite sur la place d'Union Square, relativement déserte à cette heure de la journée.

Je le rejoins et prends place en face de lui.

— Je vous préviens, je n'ai pas envie de parler.

Il se baisse et attrape un sachet en toile posé près de lui.

— Une petite partie d'échecs ? Je viens souvent ici le matin, jouer avec les inconnus qui passent.

J'acquiesce avec un haussement d'épaules. Il dispose les pièces, puis me laisse l'honneur de débuter la partie.

— Elle n'avait pas le droit de me parler sur ce ton, elle n'avait pas le droit, dis-je en avançant un pion. Moi, je n'ai rien demandé. Je n'ai pas demandé à venir ici, j'étais très bien dans ma « non vie » comme elle le sous-entend.

— Une dispute avec Ginger ?

— Je vous ai dit que je n'avais pas envie d'en parler. Vous jouez ou on attend le dégel ?

Il n'insiste pas et déplace à son tour un pion. Je prends quelques secondes pour réfléchir à mon prochain coup.

— Elle est injuste. Ce n'est pas parce que je n'ai pas de cancer que je n'ai pas le droit d'avoir des problèmes. Elle ne peut pas balayer ça d'un revers de la main, dis-je avant de bouger un cavalier. Elle, elle est forte, mais ce n'est pas le cas de tout le monde.

Gabe joue à son tour et me regarde.

— Je vous ai dit que je n'avais pas envie d'en parler.

J'hésite, puis je déplace à nouveau mon cavalier.

— Qu'est-ce qu'elle croit ? Que c'est facile d'être attirée par une femme pour la première fois de sa vie ? Non, ça ne l'est pas. Ce baiser avec Joannie… J'ai le sentiment de perdre tous mes repères. Or, les repères, c'est essentiel pour moi. Sans eux, je m'effondre. Si elle était vraiment mon amie, elle devrait comprendre ça, non ?

— Pour quelqu'un qui n'avait pas envie de parler…

Je le foudroie du regard. Il n'insiste pas, et se concentre sur l'échiquier.

— Échec, dit-il en bougeant son fou.

— Hein ? Comment est-ce possible ? Comment avez-vous réussi à… Vous êtes champion du monde d'échecs, c'est ça ?

Il rit.

— Non. Il se trouve que je ne suis pas très à l'aise en avion, alors pour ne pas trop y penser, je joue aux échecs contre l'ordinateur. Ça m'oblige à me concentrer et je ne pense plus à rien.

— Vous avez peur de l'avion ? Vous ?

— Il y a des critères pour faire partie de ceux qui ont le droit d'avoir peur ?

— Non… Bien sûr que non…

— Une autre partie ?

* * *

La matinée s'écoule ainsi. Nous enchaînons les parties. Gabe gagne à chaque fois. Nous ne parlons pas. Me concentrer sur le jeu produit l'effet escompté : petit à petit, ma colère s'atténue. Les mots de Ginger sont toujours là, pourtant je les entends autrement.

— Je ne sais pas toi, mais j'ai faim. Il y a un *food truck* qui vend des *lobster rolls* à tomber pas très loin d'ici, ça te dit ? S'il y a une chose qui me manque quand je suis à l'étranger, c'est bien notre gastronomie américaine.

— On voit que tu ne connais pas la France. Votre cuisine ne fait pas le poids, crois-moi.

— La France ? Ce pays où on mange des escargots ? me demande-t-il avec un air dégoûté.

— Les États-Unis ? Ce pays où on vend du cheddar en spray ? répliqué-je du tac au tac. Là tout de suite, si je pouvais, je dévorerais bien une bonne blanquette de veau à la crème avec du riz, mais je peux me contenter de tes *lobster rolls*.

* * *

Il a raison, je me régale. Je me garderai pourtant bien de le lui dire. Chauvinisme français oblige.

Nous ne sommes plus très loin de notre immeuble.

— Joannie est une chouette fille, elle a beaucoup à offrir, me dit-il soudain. Quand j'ai perdu ma fiancée, elle m'a tenu la main pour que je ne sombre pas complètement. À l'époque, mes journées se résumaient à vider des bouteilles de whisky. Je lui dois beaucoup. Elle mérite... d'être heureuse.

— Je le sais. Et c'est justement pour ça que... je ne voudrais pas lui faire du mal. C'est... je ne suis pas... Enfin, tout ça est nouveau pour moi...

— Je n'ai jamais aimé les étiquettes. Elles ne font que nous réduire. Nous sommes tellement plus complexes que ça. La vie réserve parfois ce genre de surprises.

— Mais c'est bizarre, non ?

— D'être attirée par Joannie ? Cette femme superbe et généreuse ?

— Ce qu'il y a, c'est que je n'ai jamais... je ne sais même pas comment il faut faire, murmuré-je en baissant les yeux, les joues probablement rouge cramoisi vu comment elles chauffent.

— Laisse-la te guider. Tout le monde n'a pas la chance de vivre une seconde première fois, tu sais... Ne passe pas à côté.

— Pour un rustre, malotru et nuisible, vous êtes plutôt fin psychologue, monsieur.

— C'est Ginger qui dit ça de moi ? demande-t-il, amusé, presque flatté.

— Oui... elle peut parfois être un peu péremptoire, désolée. Elle est surtout...

— Terrorisée ?

— J'allais dire incroyable, mais terrorisée, ça fonctionne aussi. C'est évident. Elle joue la détachée. En réalité, elle est morte de trouille.

Sans m'en rendre compte, j'accélère le pas. Il faut que je m'excuse pour ce matin. J'aurais dû comprendre...

***

Gabe est le premier à entrer dans l'appartement, et donc le premier à voir Ginger étendue sur le sol dans une mare de café et de débris de tasse.

— Lola, appelle les secours ! m'ordonne-t-il en se précipitant vers elle.

Je le regarde la soulever de terre, comme si elle ne pesait pas plus lourd qu'un chiffon, puis se diriger vers la chambre du rez-de-chaussée. Je n'ai pas bougé d'un millimètre.

— Lola. Lola, tu es avec moi ? J'ai besoin que tu appelles les secours, tu m'entends ? Tu attrapes ton téléphone, et tu appelles le 911.

— Est-ce qu'elle est morte ? parviens-je à articuler, avant de me mettre à crier, au bord de l'hystérie : Dis-moi qu'elle n'est pas morte, dis-le-moi. Je ne veux pas qu'elle meure, c'est trop tôt !

— Elle n'est pas morte. Lola, écoute-moi, tu vas respirer un grand coup, puis tu vas appeler le 911. Je sais que tu peux le faire, Lola, et Ginger le savait aussi en te demandant de l'accompagner, ajoute-t-il en s'engouffrant dans la chambre.

Le 911. Il a raison. Il faut que j'appelle le 911. Ils sauront quoi faire. Ils vont la sauver.

— 15 —

*« Here come the Jets, little world, step aside
Better go underground, better run, better hide. »*

« Jet Song » – *West Side Story*

LOLA

Elle n'a pas repris connaissance. Ces mots tournent en boucle dans ma tête. Depuis que nous sommes à l'hôpital, elle n'a pas repris connaissance. Et si elle ne se réveillait pas ? Et si elle partait sur notre dispute de ce matin ? Non, ce n'est pas possible. Je refuse qu'elle me quitte comme ça.

Son corps est parcouru de frissons, elle transpire et gémit par moments. Mais elle n'a pas repris connaissance. Il a fallu que j'explique la situation aux médecins. Le cancer, la récidive, la décision de ne pas se soigner... Elle est affaiblie par la maladie, elle a dû choper un virus, ou c'est plutôt lui qui l'a chopée. Elle est sans défense immunitaire ou presque. Il faut d'abord faire tomber sa fièvre, enrayer l'infection qui pourrait sinon lui être fatale. J'espère qu'elle ne souffre pas trop, que les médicaments administrés en perfusion la soulagent.

Depuis combien de temps suis-je assise dans cette chambre à lui tenir la main ? J'ai l'impression que ça fait des heures. Gabe n'est pas venu, estimant que Ginger n'aurait sans doute pas envie de le voir au réveil. Sans lui, je ne sais pas comment j'aurais fait. Je serais toujours en train de paniquer près du corps inanimé de Ginger, à pleurer.

Dans ma main, je sens soudain ses doigts remuer.

— Ginger ? Ginger ? C'est moi, Lola. Ouvre les yeux, dis-moi quelque chose.

Ses yeux s'ouvrent puis se referment aussitôt. Elle grimace et pousse un cri.

— Où suis-je ?

— Tu es à l'hôpital, Ginger. Gabe et moi t'avons trouvée sans connaissance sur le sol de l'appartement. J'ai eu si peur, si tu savais. Mais ça va aller, maintenant. Tu es entre de bonnes mains. Tu vas vite te remettre.

— Lola… Je suis désolée pour ce que je t'ai dit… murmure-t-elle. Je n'aurais pas dû.

— C'est moi qui suis désolée. Je t'embête avec mes préoccupations futiles, alors que toi… Je m'en veux, si tu savais.

Ses doigts se referment sur les miens, ses yeux papillotent, puis elle se rendort.

— Repose-toi, ma Ginger, reprends des forces, je ne bouge pas.

* * *

GINGER

J'ai si mal. Mes poumons sont en feu. Quand je respire, la douleur est atroce. Et puis ce mal de tête. Je voudrais que ça s'arrête. Depuis combien de temps suis-je ici ? Des heures ? Des jours ? Et l'audition ?

Je dois sortir d'ici, j'ai des choses à faire. Lola est là. Je sens qu'elle est là. Oh, Lola, je suis tellement désolée, si tu savais. J'ai été horrible avec toi, et injuste. C'est toi qui avais raison. Tu m'as ouvert ton cœur et moi, en bonne égoïste que je suis, je t'ai renvoyé mes peurs et mes angoisses.

Les médecins... Il faut que je leur dise, que je leur explique... Je ne peux pas rester, je refuse de laisser passer ma chance. D'autant que je sais désormais que ce sera sans doute la seule et unique. Je suis trop faible. La maladie a gagné trop de terrain pour que je puisse espérer autre chose que cette audition pour réaliser mon rêve.

Je suis si fatiguée. Si fatiguée. Une fois de plus, je me laisse couler et envahir par cette douceur qui m'enveloppe.

J'alterne ainsi les phases de semi-conscience. Chaque fois que je réussis à ouvrir les yeux, Lola est à mon chevet. Je lui enjoins d'aller se reposer, mais elle refuse systématiquement. Est-ce qu'elle prend la peine de manger ? De dormir ?

— Ne t'inquiète pas pour moi, me répond-elle lorsque je l'interroge. Joannie m'apporte de quoi manger et les infirmiers m'ont dégoté ce fauteuil pour que je puisse dormir un peu plus confortablement.

— L'audition...

— N'y pense pas. Pour l'instant, tu dois te remettre sur pied.

— Elle est passée ?

— Non, pas encore. Tu as le temps de te débarrasser de cette pneumonie.

J'ai toujours mes chances. J'ai toujours mes chances, pensé-je avant de sombrer à nouveau dans un sommeil cotonneux et sans rêve.

* * *

Je sens une main fraîche sur mon front brûlant. J'ouvre un œil à demi.

— Maman, c'est toi ? articulé-je avec toutes les difficultés du monde.

Ma bouche est sèche et pâteuse.

— Oui, c'est moi. Ma petite, ma toute petite. Maman est là.

— J'ai soif.

Elle me fait boire quelques gorgées d'eau. C'est agréable. Il faut que je la remercie. Ma bouche s'entrouvre, mais aucun son ne sort. Mes yeux se referment.

Je me réveille en sursaut.

— Maman, tu es toujours là ?

— Je n'ai pas bougé.

— Je ne vais pas y arriver, maman, je ne vais pas y arriver. Je suis tellement fatiguée et j'ai tellement mal. Tout mon corps me fait souffrir. Notre rêve… C'est trop dur. Je ne vais pas y arriver. Il est trop tard.

— Calme-toi, ne pense pas à ça. Tu dois te reposer, tu dois juste te reposer. Je suis si fière de toi. Tu es ma plus belle réussite.

— Pourquoi est-ce que tu es partie, maman ? Pourquoi m'as-tu laissée ? J'aurais pu te soigner, j'aurais pu être une meilleure Ginger, j'aurais pu… Pourquoi, maman…

Elle me berce. J'ai beau lutter de toutes mes forces, une nouvelle fois, le sommeil l'emporte.

* * *

Un rayon de soleil réchauffe ma joue et me tire de ma torpeur. Je suis courbaturée de partout, comme si j'avais fait deux cents burpees d'affilée[1]…

— Salut ! Je me demandais quand tu allais te réveiller. La fièvre est tombée, les médecins disent que le pire est passé, m'informe Lola.

— Est-ce que je me suis fait rouler dessus par un tracteur ? J'ai mal partout.

— Tu veux que je les appelle pour qu'ils augmentent tes antalgiques ?

— Non, non. Ça me fait dormir, tous leurs calmants. J'ai dormi suffisamment pour les vingt prochaines années. Tu es toute seule ?

— Oui. Ils ne nous laissent pas entrer à plusieurs. Mais Joannie est venue te voir. Et Gabe aussi, figure-toi. Je pense que tu lui as fait forte impression.

— Tu m'étonnes ! Un cancer et maintenant une pneumonie, y a de quoi être ébloui.

— On a eu peur, tu sais. Très peur. Tu étais allongée par terre et tu ne réagissais pas. J'ai cru…

— Je suis encore là, solide comme un roc, dis-je en essayant sans succès de poser ma main sur la sienne

---

1. Deux cents ? Rien qu'un déjà…

pour la rassurer. Enfin, plutôt comme une guimauve pour l'instant, mais tu vas voir. Et l'audition ?

— Ne pense pas à ça. Tu dois d'abord récupérer des forces. Il s'en est fallu de peu pour que... Ton corps a laissé beaucoup d'influx dans la bataille.

— Lola... s'il te plaît.

— Elle est dans dix jours. Mais tu n'es pas obligée, Ginger. Tu n'as rien à prouver, nous savons que tu en es capable. Sans cette maladie... On t'a écoutée au restaurant, et les gens t'ont applaudie ! Tu dois d'abord prendre soin de toi.

— Non ! m'écrié-je alors que des larmes jaillissent de mes yeux. Je ne peux pas renoncer maintenant, si proche du but ! Je refuse que la maladie gagne encore une fois, qu'elle anéantisse notre rêve encore une fois. Elle n'a pas eu la force, mais moi... Je dois absolument aller au bout, sinon, tout ça n'aura servi à rien. Je t'en supplie, Lola, dis-moi que tu comprends. Dis-moi que tu m'aideras, je t'en supplie...

Je pleure tellement que j'ai de la peine à respirer. Je sais qu'il ne me reste plus beaucoup de temps, et j'ai si peur.

— D'accord, d'accord, je te jure que je ferai tout mon possible pour t'aider. Mais tu dois me promettre à ton tour une chose. Quand tu auras passé cette audition, on revient ici. Je n'aurai pas la force de te voir souffrir. Te trouver par terre, c'était... Je n'aurai pas la force.

— Je te le promets.

Elle me prend dans ses bras avant de s'écarter, les yeux rougis.

— J'ai une surprise pour toi, au fait. Regarde.

Elle sort son téléphone de sa poche et démarre une vidéo. Je reconnais les cuisines de mon restaurant. Thomas est derrière les fourneaux, il fait un signe de la main puis entonne les premières paroles de *Cheek to Cheek*, cette chanson chantée par Ginger Rogers et Fred Astaire que je fredonnais tout le temps lorsque j'étais de bonne humeur. Il chante faux comme une vieille poêle à frire rouillée, néanmoins il y met tout son cœur. Il est rejoint petit à petit par l'ensemble de l'équipe, tous ceux avec qui j'ai travaillé et construit *Chez Ginger*. Réunis autour de Thomas, ils chantent : « *Heaven, I'm in heaven, and my heart beats so that I can hardly speak, and I seem to find the happiness I seek, when we're out together, dancing cheek to cheek.* »

J'avais séché mes larmes, elles coulent de nouveau.

— Tu leur as dit pour…

— Oui. Je suis désolée, ils s'inquiétaient. Pendant que tu étais aux prises avec la fièvre, ils t'ont envoyé plusieurs messages. Je ne pouvais pas les laisser comme ça, sans nouvelles. Ce sont tes amis, Ginger. Et puis, tu m'avais dit que tu les informerais de toute façon.

— Oui, c'est vrai. Tu as bien fait, je ne sais pas si j'aurais réussi à le leur annoncer. Ils me manquent…

— Après l'audition, nous pourrons peut-être faire un saut *Chez Ginger* et goûter aux nouveaux plats de Thomas ?

— Ça me ferait plaisir. Je ne louperai pas la prochaine occasion de lui rappeler qu'il met beaucoup trop d'épices dans sa cuisine.

Nous faisons des projets comme si j'en avais encore le luxe. Alors que nous savons l'une comme l'autre que ce temps-là est révolu. Il ne me reste plus que quelques jours, je le sens. À côté de Lola, ma mère est là et me sourit.

* * *

— Je veux sortir.

— Et moi je veux mesurer 1,80 m et avoir le corps de Beyoncé me rétorque le médecin, une femme plutôt ronde d'1,50 m. Je vais vous répéter ce que j'ai dit à votre amie – car oui, elle a déjà essayé de plaider votre cause –, votre organisme est très affaibli, vous n'êtes pas encore en état de sortir. Je ne sais pas si vous en avez conscience, visiblement non, mais il s'en est fallu de peu pour que nous n'ayons pas cette discussion.

— Je peux vous signer une décharge si vous voulez. C'est ce que font les gens dans les séries, non ?

— Oui, eh bien, nous ne sommes pas dans une série. Je me fiche que vous me signiez quoi que ce soit. Ce qui m'importe, c'est vous. Et je vous répète que vous n'êtes pas en état. Je refuse de prendre le risque de vous laisser sortir. Pas avant au moins quelques jours, ajoute-t-elle pour tenter de me convaincre.

— Mais je me sens beaucoup mieux !

— Ah oui ? Si vous réussissez à vous mettre debout et à marcher seule jusqu'à la porte, je vous promets de revoir ma position et de signer votre bulletin de sortie.

Marcher jusqu'à la porte ? Rien de plus facile, elle ne sait pas à qui elle a affaire ! Je vais lui montrer de quel bois je me chauffe.

Je me redresse sur mon lit, tente de faire abstraction du vertige qui me prend, bascule mes jambes et, dans un mouvement déterminé, je me mets debout. Je défie le médecin du regard, fière, avant de m'effondrer sur elle, mes jambes ayant décidé de ne pas coopérer et de se dérober sous mon poids.

— Une autre revendication ? demande le médecin non sans une pointe de sarcasme tout en m'aidant à me rallonger.

— Vous ne comprenez pas. Je dois passer une audition pour une comédie musicale. Je ne peux pas me permettre de la rater.

— Je suis désolée, mais vous devez laisser à votre organisme le temps de récupérer. Dans cet état, vous ne tiendriez pas debout ne serait-ce que deux minutes. Si les choses suivent leur cours normal, nous pourrons envisager une sortie d'ici une dizaine de jours. Je vous promets de ne pas vous garder plus que le temps nécessaire.

Une dizaine de jours... Il sera trop tard.

* * *

LOLA

— Tu veux que je fasse quoi ?

— Je veux que tu m'aides à m'échapper de l'hôpital, me répète Ginger.

— C'est bien ce que j'avais compris donc. Je caressais l'espoir d'avoir mal entendu, mais non.

— S'il te plaît, Lola. Je ne peux pas laisser tomber si près du but. Tu ne peux pas avoir affronté toutes tes angoisses pour que l'histoire se termine ici, entre ces quatre murs blancs et aseptisés.

— Même si on réussissait – et je n'ai pas dit que j'acceptais, entendons-nous bien –, comment est-ce que tu comptes t'y prendre ?

Un sourire éclaire son visage amaigri.

* * *

— Une *kidnapping* ! s'écrie Joannie. *Cool !*

— J'étais sûre que tu allais adhérer... C'est de la folie. On va finir en prison sur Rikers Island, me lamenté-je.

— Je crois la police de New York a autre chose à faire que poursuivre une Frenchie cancéreuse *out of the hospital. If you need me*, je suis là.

— Pas une pour rattraper l'autre.

— Elle t'a promis de retourner si elle va pas bien après ?

— Oui...

— Alors fais confiance et laisse-lui une chance. *Maybe, it's the last.*

* * *

Le plan est assez simple : Joannie et moi allons sortir Ginger pour une balade dans le parc de l'hôpital en fauteuil roulant. Gabe nous attendra au niveau des grilles de sortie, récupérera Ginger puis la portera jusqu'à l'appartement qui, heureusement pour lui, n'est pas très loin. Joannie prendra alors la place de Ginger dans le fauteuil et nous terminerons la balade comme si de rien n'était.

J'ai l'impression d'être sur le point de cambrioler une banque. Pas moins. Pour maîtriser les battements de mon cœur, je me répète en boucle qu'on ne fait rien de mal, qu'après tout Ginger est libre de décider pour elle, que nous ne violons aucune loi…

Ginger est prête lorsque nous entrons dans sa chambre. Bien qu'elle essaie de donner le change, la pâleur de son visage parle pour elle.

— Mauvaise nuit, me dit-elle en réponse à ma question silencieuse. Vivement que je quitte cet endroit.

— Tu es sûre que c'est ce que tu veux ? Tu sais, personne ne te jugera si jamais tu décidais de laisser tomber.

— Même si je dois ramper pour atteindre la scène, je veux passer cette audition.

Elle grimace. Elle souffre. Pourtant, son regard, lui, est déterminé.

Installer Ginger dans le fauteuil roulant nous prend à peine quelques minutes. Quand Joannie me fait signe que la voie est libre, je le pousse hors de la chambre et avance d'un pas décidé que j'espère non suspect vers les ascenseurs.

— *It's so exciting !* s'enflamme Joannie.

Ce n'est pas vraiment le mot que j'aurais choisi… La traversée du hall de l'établissement se fait, elle aussi, sans encombre, et nous sommes dans le parc en un temps record. Je commence à souffler. C'était la partie qui me paraissait la plus susceptible de rater. Il fait beau et dans d'autres circonstances, nous aurions presque pris plaisir à nous promener dans ces allées bordées de grands arbres. Les circonstances étant ce qu'elles sont, nous pressons le pas.

J'aperçois Gabe qui nous attend à la sortie. Il nous fait un signe de tête pour nous indiquer que tout est OK pour lui. Je commence à me détendre. Tout va bien se passer. Quand nous arrivons à hauteur de Gabe, celui-ci ne perd pas de temps et soulève Ginger du fauteuil encore plus facilement qu'il y a quelques jours lorsque nous l'avons trouvée inconsciente. Elle a dû perdre beaucoup de poids depuis.

— Cela fait deux fois que vous vous retrouvez dans mes bras en moins d'une semaine, je vais finir par penser que vous le faites exprès et que vous en pincez pour moi.

— Dans vos rêves ! Et ne profitez pas de la situation pour poser vos grosses pattes poilues n'importe où.

Joannie prend la place de Ginger dans le fauteuil, il ne reste plus qu'à le ramener à l'intérieur.

— Hé, qu'est-ce que vous fabriquez ? nous interpelle soudain une petite femme ronde en blouse blanche que je devine être le médecin de Ginger. Je vous ai vues passer devant mon bureau et vos regards ne me disaient rien qui vaille. Vous êtes vraiment plus têtue qu'une mule ! s'énerve-t-elle. Vous n'êtes pas en état, dans quelle langue faut-il vous le dire ? J'appelle la sécurité.

— Non ! S'il vous plaît, non ! m'écrié-je. Ne faites pas ça, je vous en supplie. Je sais que ça paraît déraisonnable, et croyez-moi, je suis la première à avoir essayé de dissuader Ginger. Mais… c'est important pour elle. Une promesse, faite il y a des années. Il ne lui reste plus beaucoup de temps, bredouillé-je, les yeux remplis de larmes, vous le savez. Je vous en supplie, laissez-la partir. Et c'est moi qui vous promets de vous la ramener dans quelques jours.

Il n'y a plus un bruit, même les oiseaux semblent avoir suspendu leur chant.

— Je vous accorde une semaine. Si d'ici là, vous n'êtes pas de retour, j'organise votre rapatriement sanitaire en France. Je ne plaisante pas ! Il n'est pas question que je vous laisse livrée à vous-même dans cet état.

J'expulse l'air de mes poumons. Les oiseaux se remettent à chanter. Les rues de New York s'animent de nouveau du vacarme de sirènes en tout genre.

— Merci, dit Ginger. Je sens bien que vous trouvez toute cette histoire ridicule, qu'à ma place vous seriez assise sur un fauteuil, à regarder s'écouler dans votre veine une énième poche de chimio. Même si je vous expliquais pendant des heures, je sais que je ne réussirais pas à vous convaincre. Alors, merci.

— Une semaine. Et pas un jour de plus, nous répète-t-elle avant de tourner les talons.

* * *

GINGER

Gabe me dépose sur le lit avec délicatesse. Si me porter de l'hôpital à son appartement n'a pas dû se faire sans mal, il n'en montre rien.

— Je crois que je vous dois des excuses… Je vous ai mal jugé. Merci de m'avoir ramenée ici.

Il hausse les épaules comme pour dire qu'il n'a pas fait grand-chose.

— Est-ce que je peux abuser et vous demander encore un service ?

— Vous ne pouvez plus vous passer de moi et voulez que je reste ici cette nuit ? lance-t-il avec un petit sourire en coin.

— J'ai dit que je vous avais mal jugé, n'allez pas en déduire que j'en suis arrivée au point de vous trouver désirable !

— Crachez le morceau, reprend-il en souriant de plus belle, qu'est-ce que je peux faire encore ?

— Dans ma valise, il y a un flacon en plastique blanc, est-ce que vous pouvez me l'apporter avec un grand verre d'eau ?

Il s'exécute et, après un aller-retour, me tend le médicament.

— Ce sont des pilules que m'a données mon médecin en France. Il m'a dit de les prendre quand la douleur deviendrait trop forte.

— Quel genre de pilules ? Légales ?

— Il ne m'a pas dit et je n'ai pas posé la question. Si ça peut m'aider à moins souffrir pendant les derniers jours qu'il me reste, je suis prête à faire n'importe quoi.

J'ouvre le flacon, en sors deux petits comprimés blancs que j'avale avec une gorgée d'eau. Je ne m'étais pas aperçue que j'avais soif. Je vide mon verre d'un trait.

— C'est... la fin alors ? demande-t-il après un long silence.

— Je... Oui. Je pense que oui.

— 16 —

> *« Don't tell me not to fly, I've simply got to*
> *If someone takes a spill it's me and not you*
> *Who told you you're allowed to rain on my parade ? »*

« Don't Rain on my Parade » – *Funny Girl*

GINGER

Quand j'ouvre un œil, il me faut un moment pour assembler les pièces du puzzle. Je suis dans l'appartement de Gabe. Joannie et Lola m'ont fait sortir de l'hôpital. Je me redresse sur l'oreiller et m'attends à ce que ce simple mouvement me fasse souffrir le martyre. Depuis plusieurs jours, je sens le cancer se propager et enflammer chaque fibre musculaire. Il n'en est rien. Je bouge mes jambes, puis mes bras, la douleur est lointaine, bien plus faible qu'elle ne l'a été depuis des semaines.

Ma démarche est flageolante, mais je réussis à marcher jusqu'à la porte de ma chambre. Joannie, Gabe et Lola sont assis autour de la table de la cuisine, en train de jouer aux cartes.

— Ça y est, tu es réveillée ! s'écrie Lola quand elle m'aperçoit, avant de se précipiter vers moi pour m'aider à les rejoindre.

— Quelle heure est-il ? J'ai dormi longtemps ?

— Presque 18 heures, m'informe-t-elle. Tu avais besoin de récupérer. Tu veux manger quelque chose ? Gabe a préparé des hotdogs.

Un gargouillis sonore accueille cette proposition.

— Et ça va ? Il ne vous a pas empoisonnées ?

— Hé ! proteste l'intéressé. Je fais les meilleurs hotdogs de tout le sud de Manhattan. Tu m'en diras des nouvelles.

L'anglais ne fait pas de distinction entre tutoiement et vouvoiement, pourtant, je devine que l'on vient de passer au premier. Ce n'est pas désagréable.

Il dépose devant moi une assiette garnie d'un pain moelleux dans lequel il a placé une saucisse, des rondelles de cornichons, des brisures d'oignons frits, le tout généreusement recouvert d'une sauce au cheddar d'un orange quelque peu chimique et néanmoins appétissant.

Sans hésiter, je croque dedans à pleines dents.

— Alors ? s'enquiert-il.

— Hum… divin ! ne puis-je m'empêcher de lâcher dans un soupir. Cela dit, après ce qu'on m'a servi à l'hôpital, même un vieux bout de pain rassis aurait eu un goût de brioche, alors… ne va pas prendre la grosse tête.

— Tu as l'air d'avoir récupéré quelques forces, tu as meilleure mine en tout cas. Avec Joannie, on a fait le marché ce matin et on a acheté plein de fruits et de légumes pour te faire des cocktails survitaminés. Avec ce régime et quelques exercices physiques, c'est en courant que tu vas arriver sur scène, crois-moi.

Il y a quelque chose de changé chez Lola. Elle est... moins grave, plus enjouée. Elle se lève pour aller chercher une carafe du jus qu'elle et Joannic ont préparé ce matin.

— Qu'est-ce qu'il y a ? demande-t-elle en remplissant mon verre. Tu me regardes bizarrement.

— Rien du tout. J'ai hâte de goûter au mélange épinards, pomme verte et fenouil. Et si jamais tu répètes à Thomas que j'ai bu ce genre de trucs, sache que je viendrai te hanter chaque nuit dans ton sommeil !

C'est si évident que c'en est presque impudique. Lola est amoureuse.

* * *

Je ne sais pas si mon corps va tenir le coup. J'ai beau les chasser, les paroles du médecin reviennent sans cesse. « Vous n'êtes pas en état, dans quelle langue faut-il vous le dire ? Vous ne tiendrez pas deux minutes... »

Les douleurs sont parfois si fortes qu'elles me coupent le souffle.

Je fais de mon mieux pour donner le change. Lola ne me lâche pas du regard et je sais qu'au moindre signe de défaillance, elle n'hésitera pas à me ramener à l'hôpital. Alors je serre les dents et je suis le programme qu'elle et Joannie ont concocté pour me remettre sur pied, à base de nourriture saine – souvent malodorante – et d'activités physiques.

Joannie sacrifie son temps libre pour me donner des cours de chant. Elle en a suivi pendant de longues années et est devenue une experte en gestion du souffle, et positionnement du larynx. Je prends plaisir à faire toutes ces vocalises, d'autant plus que ce sont les seuls moments pendant lesquels Herbert me fiche la paix.

Sur le calendrier de mon agenda, j'ai entouré la date de l'audition et je m'y accroche de toutes mes forces. Chaque jour qui passe et m'en rapproche est une victoire.

— On sort ce soir, m'annonce Gabe alors que je suis affalée sur le canapé.

— Comment ça, on sort ? Lola m'a dit tout à l'heure qu'elle et Joannie avaient prévu d'aller voir un film, un de ceux avec acteur à gros biceps et actions à gogo... Franchement, ça ne me dit rien du tout.

— Qui te parle d'aller au cinéma avec Lola et Joannie ? Ce soir, je t'emmène sur les toits de New York. Ton programme manque un peu de loisirs.

— Je n'ai plus vraiment le temps pour ça...

— Et c'est pour cette raison qu'on sort ce soir. Je te laisse une demi-heure pour te préparer, et ensuite je t'embarque.

— Mon look jogging-débardeur ne te convient pas ? plaisanté-je en baissant les yeux vers ma tenue du jour.

— Moi, tu sais, je me fiche de ce genre de détails. Mais à force de côtoyer Joannie, j'ai fini par comprendre que cela faisait partie du plaisir et du cérémonial pour les nanas...

Il me sourit. J'ai l'impression de le découvrir pour la première fois.

Vingt-cinq minutes plus tard, c'est dans une robe longue moulante en satin bleu marine et au décolleté vertigineux que je réapparais dans la pièce.

— Waouh ! s'exclame Gabe.

— J'ai dans ma valise quelques robes que je n'ai jamais eu l'occasion de porter. Après tout, c'est maintenant… ou jamais, balbutié-je soudain, envahie par l'émotion.

Je vais mourir… Mais pas ce soir. Non, ce soir, je suis une femme en robe de soirée, prête à profiter des possibilités infinies qu'offre New York.

La vue de la terrasse du *Press Lounge* est spectaculaire. Depuis dix minutes que nous sommes arrivés, je suis sans voix, admirant le panorama entièrement dégagé offert par Midtown d'un côté, l'Hudson River de l'autre et en arrière-plan Times Square. Toutes ces lumières, c'est fabuleux.

— Avoue que cela aurait été dommage de rater ça, me dit Gabe en se dirigeant vers un canapé libre.

— C'est… incroyable. J'en ai la chair de poule.

Nous commandons deux Pink Panther, du houmous et une planche de fromages et charcuteries. Le mélange médicaments et cocktail alcoolisé n'est pas raisonnable, mais je m'en fiche.

— Gabe… Ça fait un moment que je souhaite te présenter des excuses.

— Des excuses ?

— Oui. Pour t'avoir mal jugé. J'ai appris pour… la disparition de ta fiancée. Ça explique beaucoup de choses. Je suis désolée que tu aies à subir ma situation. J'imagine qu'une cancéreuse mourante ce n'est pas forcément ce dont tu as envie dans ton appartement.

— Une cancéreuse mourante qui porte une robe sexy en diable, ça change la donne. Tu n'as pas à t'excuser. Je ne devais pas rentrer avant plusieurs semaines. Si tu veux tout savoir, le magazine m'a proposé de repartir pour un reportage en Afrique, ce que j'ai refusé. Maintenant que je suis là, je m'en voudrais de louper la fin de l'histoire.

— La cancéreuse mourante en robe sexy va-t-elle réussir son audition ? Vous le saurez dans le prochain épisode.

Je lève mon verre et je ris. Que pourrais-je faire d'autre ? Hors de question de pleurer.

* * *

LOLA

Bien qu'il soit tard, je ne parviens pas à trouver le sommeil. Ce soir, les ronflements réguliers de Moloss – comment un si petit chien peut-il émettre autant de bruit ? Mystère – ne font pas office de berceuse.

Je repense à cette journée dont je voudrais graver chaque image à jamais dans ma mémoire.

Ginger goûtant nos créations vitaminées du bout de la langue avant de les boire, contrainte et forcée, en se bouchant le nez.

Ginger et Joannie répétant leur audition, peaufinant chaque expression de visage, chaque note.

Gabe, en apparence les yeux rivés sur l'écran de son ordinateur, mais ne perdant pas une miette du spectacle.

Garfunkel, déambulant dans l'appartement, la queue en l'air, muet comme une carpe.

Joannie plongeant sa main dans l'énorme pot de pop-corn au cinéma, captivée par les cascades d'un acteur dont j'ai déjà oublié le nom.

— Lola ? Tu pleures ?
— Non, reniflé-je.
— Raconte-moi ce qu'il y a.
— Ce n'est rien. Je pense à Ginger et je me dis que c'est bientôt fini. D'ici peu, la maladie va me l'enlever et... Comment je vais faire sans elle...

J'entends Joannie se lever puis je la sens se glisser sous ma couette et se coller à mon dos. Elle m'entoure de son bras et, après une légère hésitation, je lui prends la main.

— Tu es amie extraordinaire pour elle. Elle sera toujours avec toi, dans ton cœur. Et je serai là. Je suis ton amie aussi.

Je ne m'étais jamais dit que je pourrais rester quelque temps à New York après le départ de Ginger. Je me voyais rentrer en France et reprendre ma petite vie monotone, découpée en unités d'angoisse. Cependant, je me rends soudain compte que cela fait un moment que je n'ai pas envisagé les choses sous cet angle, et que je n'ai aucune envie de quitter cette ville. Elle a tout pour m'effrayer et pourtant, je m'y sens mieux qu'ailleurs. Et il y a Joannie. Joannie dont je ne veux pas seulement être l'amie.

Je me retourne pour la regarder. Elle me sourit. Nos mains sont toujours entremêlées. Mon cœur bat la chamade.

— Avant que... Tu dois savoir que je suis une personne qui a peur de tout, et depuis toujours. J'ai peur des vélos, j'ai peur de rencontrer des gens nouveaux, j'ai peur de commander un plat dans un restaurant. Tout m'angoisse dans la vie. Il y a des jours où c'est tellement fort que je ne parviens même pas à sortir de mon lit. Je suis comme ça et probablement, le serai toute ma vie. Et là... je suis terrorisée à l'idée de... Tu sais, je n'ai jamais... J'ai peur d'être maladroite. J'ai peur de...

Lentement, ses lèvres se posent sur les miennes, sa bouche entrouvre la mienne. Je sens son corps se presser contre le mien en même temps que la panique me gagne. Je n'y arriverai pas, je ne...

Je pense à Ginger, au courage qu'il lui faut pour tenir debout, à sa détermination. Je ne peux pas laisser la peur l'emporter. Je refuse de la laisser gagner.

À mon tour, je presse mon corps contre celui de Joannie, je ferme les yeux et je lâche prise.

* * *

GINGER

Petit à petit, l'effet des comprimés que je viens d'avaler se fait sentir et mon corps se détend. J'ai troqué ma robe de soirée contre un jogging, bien moins sexy, mais bien plus confortable, et avale une gorgée du café préparé par Gabe. Je savoure la chaleur qui se propage jusqu'à mon estomac. Il est tard, l'appartement est silencieux, plongé dans une pénombre agréable. Garfunfel traverse la pièce avant de se laisser tomber sur le sol et de s'étendre de toute sa longueur.

— Il ne miaule jamais ton chat ?

— Si, ça lui arrive, mais uniquement quand il a quelque chose à dire. Sinon, il se tait.

Comme s'il devinait que l'on parle de lui, l'animal se roule sur le dos avant de se remettre sur ses pattes. Il nous toise puis se dirige à petites foulées vers le canapé pour y passer la nuit.

Ça me fait rire.

— Tu es belle quand tu oublies.

Bien que maladroit, le compliment me touche. Et je sens confusément mon corps frissonner.

— Si je n'étais pas mourante, tu me draguerais bien, non ?

— Non, si tu en avais envie, je te draguerais bien.

Je bois une nouvelle gorgée de café. Plus pour me donner une contenance que pour la caféine.

— Ça fait partie des choses qui vont me manquer.

— La drague ?

— Oui, ça et... le reste. Non pas que j'en aie eu une consommation excessive. La détermination, ce n'est pas ce qui plaît le plus aux hommes, hélas.

— Il fallait venir à New York. Par ici, on aime les femmes qui ont du caractère et qui savent ce qu'elles veulent.

— Si j'avais su, il y a des tas de choses que j'aurais faites avant... Ça ferait une très belle épitaphe, tu ne trouves pas ?

Je ris de nouveau.

— Il est tard. Il faut que j'aille me coucher. J'ai une audition dans deux jours, et je ne voudrais pas ruiner tous les efforts de Joannie pour m'y préparer en ne dormant pas assez.

— Si jamais tu as envie d'un souvenir plus récent, avant de partir... tu sais où me trouver.

* * *

Je me tourne et me retourne dans mon lit sans parvenir à m'endormir.

C'est ridicule. Je le connais à peine. Il est séduisant, d'accord, mais il est exaspérant. Non, je ne peux vraiment pas le rejoindre dans sa chambre et faire l'amour avec lui. Si ça se trouve, c'est un fétichiste des pieds ou un de ces types qui ne changent de caleçon qu'une fois par semaine.

Je vais dormir, voilà ce que je vais faire. Je dois penser à l'audition. Il faut que je sois en forme, ou en tout cas le moins mal en point possible.

Et puis, je ne suis pas ce genre de fille. Je ne l'ai jamais été et ne le serai jamais.

Je ne vois même pas pourquoi j'y réfléchis puisque c'est déjà tout réfléchi.

Il n'est pas question qu'il se passe quoi que ce soit entre Gabe et moi.

* * *

Quand je me glisse dans son lit, une demi-heure plus tard, il semble endormi. Sa respiration soulève à intervalles réguliers son torse – nu et joliment dessiné.

— Je ne t'attendais plus, murmure-t-il sans ouvrir les yeux.

— Pardon, je... Tu dormais ?

— Oui. J'avais commencé à faire un rêve. Il va me falloir quelques arguments pour me convaincre d'y renoncer.

Évidemment. Quel rustre ! Que je sois là ne lui suffit pas, il faut qu'il en profite en plus. Je devrais repartir dans mon lit et faire la seule chose pertinente à cette heure : dormir.

— J'ai besoin de me sentir pleinement vivante, juste une dernière fois. J'ai besoin qu'il n'y ait plus de maladie. Tu dis que je suis belle quand j'oublie... Je voudrais oublier. S'il te plaît, aide-moi à oublier.

Il ouvre les yeux, nos regards se croisent. J'ai peur qu'il refuse, j'ai peur qu'il se moque. Jamais je ne me suis sentie aussi vulnérable.

Quand sa bouche prend la mienne, c'est mon corps tout entier qui s'embrase. Le corps d'une femme de quarante ans qui ne s'est pas laissée aller depuis des mois et des mois. Le corps d'une femme qui est encore en vie.

— 17 —

> « *I could have danced all night, I could have*
> *danced all night*
> *And still have begged for more*
> *I could have spread my wings, and done a*
> *thousand things*
> *I've never done before.* »
>
> « **I Could Have Danced all Night** » – *My Fair Lady*

GINGER

C'est le jour J. Et je suis terrifiée. Non pas pour ce que je m'apprête à faire, mais parce que après ça, il n'y aura plus rien. Herbert aura le champ libre et je le lui laisserai. Des semaines que je lutte alors que la bataille, je le sais, est perdue depuis longtemps. Mais je tiens, parce qu'il faut qu'il sorte du bon de tout ça. Parce qu'il le faut pour Lola. Parce que je me le dois.

Dans le hall du théâtre où vont se dérouler les auditions pour constituer la future troupe de *La Belle et la Bête*, des centaines de personnes sont amassées.

Chacune avec un numéro de dossard, déterminant son ordre de passage. J'ai le numéro 142. La journée promet d'être longue. Hélas, les pilules magiques du docteur le sont déjà nettement moins. Elles mettent plus de temps à agir, et leur effet ne dure pas. J'ai peur de ne même pas être capable de marcher jusqu'à la scène. J'ai peur que la douleur soit si vive, comme elle peut l'être parfois, qu'elle m'empêche de chanter la moindre note.

Heureusement que Joannie est là pour me tenir compagnie. Je ne sais pas si j'aurais eu le cran de rester seule dans cette immense salle grouillant de monde. Elle porte le dossard 453. Beaucoup sont venues, comme elle, pour décrocher le rôle de Belle.

Pour tuer le temps, chacun s'occupe comme il peut. Certains chantent, la chanson de leur audition ou une autre. Ils se retrouvent parfois accompagnés par une personne qui joue d'un instrument. Guitare, violon, harmonica… D'autres dorment. Je les observe, envieuse. Leur tête, bien que calée dans un angle improbable, ne semble pas les faire souffrir. Le brouhaha ambiant ne les dérange pas, au contraire.

Joannie est assise en tailleur par terre à côté de moi, avec une Thermos de thé glacé, fait maison évidemment.

Elle me parle et je ne l'écoute que d'une oreille. Je pense à Gabe et à la nuit que nous avons passée. Cet homme qui a eu la délicatesse de ne pas en reparler, comme si c'était un simple rêve. Cet homme qui a fait preuve avec moi d'une générosité incroyable, abreuvant de vie mon corps desséché, jusqu'à plus soif.

Quand elle commence à évoquer Lola, mon attention se fait plus soutenue. Toutes les deux ont fini par se trouver et j'en suis très heureuse. Je peux partir tranquille, Lola aura une épaule sur laquelle s'appuyer. Quelqu'un qui tient à elle comme elle le mérite. Je lui raconte ce que j'ai appris sur elle au fil des années. Ses fragilités, ses systèmes de défense, mais aussi son incroyable résilience et ce cœur plus grand qu'elle.

Les premières candidates viennent seulement d'être appelées, il va falloir prendre son mal en patience.

Joannie me parle de son enfance, de la difficulté d'être différente dans une Amérique profonde peu ouverte d'esprit. Elle me parle de sa passion pour le théâtre, dès l'âge de six ans, de toutes les pièces dans lesquelles elle a joué du collège à l'université. Nous échangeons sur nos comédies musicales préférées. Et puis…

— Le dossard 142, appelle une jeune femme à peine sortie de l'adolescence.

Joannie se lève en même temps que moi et me serre fort dans ses bras.

— Tu vas déchirer tout. Tu vas être *amazing*. Je suis avec toi *with all my heart*.

Le cœur battant, les jambes un peu flageolantes, je rejoins la jeune femme et la suis dans un long couloir sombre qui débouche sur cet endroit dont j'ai tant rêvé : la scène.

Je suis aveuglée par les spots et il me faut quelques secondes pour m'accoutumer à leur lumière puissante et crue. Face à moi, dans le public, trois personnes sont assises.

— Dossard 142, Ginger Ternet. Parlez-nous un peu de vous.

Fébrile, j'ai besoin d'un instant avant de parvenir à prononcer un mot.

— Je m'appelle Ginger, je suis française et lorsque j'étais gamine, je partageais avec ma mère la passion des comédies musicales. Nous les regardions en boucle, nous connaissions les chansons par cœur. Et parce que je rêvais de chanter, ici, à Broadway, elle m'a fait enregistrer une vidéo dans le but de l'envoyer à des producteurs. Elle est décédée quelques jours plus tard, j'ai finalement fait une école de commerce, puis ouvert un restaurant... Récemment, je suis retombée sur cette vidéo... Et j'ai décidé de tout plaquer pour venir réaliser le rêve de l'adolescente de quinze ans que j'étais. C'était comme une sorte d'évidence.

Je sens mes muscles se contracter et ne peux réprimer une grimace de douleur. Je ne sais pas si je vais pouvoir rester debout encore longtemps.

— Vous auditionnez pour le rôle de Mrs Potts, quelle chanson avez-vous choisie ?

— J'ai choisi de vous interpréter *Be our Guest*.

— Pourquoi ce choix ?

— Parce que c'est une chanson festive et qu'accueillir des gens pour dîner a été ma raison de vivre pendant des années.

— Très bien, la scène est à vous.

« La scène est à vous... »

À côté de moi, un pianiste est là pour m'accompagner. Il attend mon signal. Je ne sais pas si je vais y arriver. J'ai les jambes en coton, je vacille. Puis, je pense à Thomas et à toute l'équipe de *Chez Ginger*. Je revois les images de cette vidéo que m'a montrée Lola à l'hôpital. Ils croient en moi, je ne peux pas les décevoir. Il n'y en a que pour quelques minutes, rien que quelques minutes.

Je tourne la tête et fais signe au pianiste de commencer. Je pense à Joannie, à Gabe, à Lola, et je fais ce pour quoi je suis venue, chanter.

« *... It's a guest ! It's a guest ! Sakes alive, well, I'll be blessed. Wine's been poured, and thank the lord, I've had the napkins freshly pressed...* »

Transportée par la musique, je chante et j'y mets toute l'énergie qu'il me reste.

« *... With dessert, she'll want tea, and, my dear, that's fine with me, while the cups do their soft-shoeing, I'll be bubbling, I'll be brewing...* »

Je me sens flotter. Devant moi, la salle est soudain pleine à craquer. Des sourires, des yeux qui brillent face aux décors, aux costumes... Autour de moi, ça danse, ça chante. Je souris, portée par la troupe.

« *... I'll get warm, piping hot, heaven's sake, is that a spot ? Clean it up, we want the company impressed. We've got a lot to do, is it one lump or two ? For you, our guest.*

She's our guest, she's our guest, she's our guest... »

Nos voix se mêlent, puis nous nous rejoignons tous au centre de la scène pour la chorégraphie finale. Nos corps se balancent en rythme, la joie éclaire nos visages. Je me sens si bien. À ma place.

La musique s'arrête, les spectateurs applaudissent à tout rompre. Au milieu d'eux, une femme est debout, en larmes. Bientôt il n'y a plus qu'elle dans le théâtre. Ma mère qui applaudit et qui me crie qu'elle est fière de moi, qu'elle savait qu'un jour, je réaliserais mon rêve.

Ma vue se brouille, j'ai la tête qui tourne.

Et je m'écroule sur la scène.

— 18 —

> « *The more I live, the more I learn*
> *The more I learn, the more I realize, the less*
> *I know, each tape I take*
> *Each page I turn, each mile I travel only*
> *means the more I have to go*
> *What's wrong with wanting more ?*
> *If you can fly, then soar, with all there is,*
> *with settle for*
> *Just a piece of sky.* »
>
> « **A Piece of Sky** » – *Yentl*

GINGER

J'y suis arrivée, maman. J'y suis arrivée. J'ai chanté sur la scène d'un théâtre de Broadway. Je n'ai pas de mots assez forts pour te décrire ce que j'ai ressenti. Pourquoi ai-je attendu d'être au bout du chemin pour me lancer dans cette aventure ?

Je suis désolée de ne pas avoir eu assez de temps pour t'emmener avec moi dans tous ces endroits que tu rêvais de voir. J'ai lutté de toutes mes forces, maman, de toutes mes forces… Il y a des batailles que l'on ne remporte pas.

Est-ce que ça fait mal ? Est-ce que je me souviendrai de tout ? Seras-tu là pour m'accueillir ? J'ai peur, tellement peur.

* * *

L'eau bout à gros bouillons, la viande grésille, les poêles cognent sur les plaques de cuisson, symphonie du coup de feu en cuisine. Tout le monde s'active dans un ballet parfaitement orchestré. Le chef crie ses ordres, attendant une réponse intelligible et ferme. Ça sent le beurre qui roussit, la sauce tomate qui compote, ça sent le basilic et le curry.

Toutes ces années passées dans la cuisine de mon restaurant, à les observer, à les admirer. Ceux que j'ai choisis, un à un, guidée par mon instinct. Cette famille que je me suis construite au fil des ans. Une famille qui se dit les choses, qui s'engueule parfois, mais une famille soudée. Comme ils vont me manquer.

* * *

Est-ce que j'aurais dû prévenir mon père ? Peut-être aurait-il voulu savoir… Est-ce que cela aurait changé quelque chose ?

J'ai toujours affirmé que son départ ne m'avait pas affectée, j'étais presque une adulte et tous les deux nous avions si peu à nous dire… Mais c'est faux. Je sais que c'est faux. Je venais de perdre ma mère, la personne que j'aimais le plus au monde, et il m'a laissée avec ça. Avec cette peine immense. Raconter que ça ne me faisait rien pour m'en convaincre, c'est la solution que j'ai trouvée pour ne pas m'effondrer.

Pourquoi est-ce que tu es parti ? Et pourquoi n'es-tu pas revenu ? Est-ce que ça t'a empêché de dormir, papa ?

* * *

J'aurais dû écrire des lettres, des tas de lettres. À tout le monde. Pour que chacun sache combien il a compté pour moi. J'aurais dû enregistrer des vidéos, à regarder à des moments particuliers. J'aurais dû... je ne le pourrai pas.

Est-ce qu'elle sait à quel point elle compte pour moi ? Est-ce qu'elle sait que sans elle, je n'y serais pas arrivée ?

Ne pleure pas, Kit, je t'en supplie, ne pleure pas. Souviens-toi du jour de notre rencontre, de cette évidence entre nous, n'oublie pas que tu peux tout. La vie est trop courte pour en avoir peur. Aime-la de toutes tes forces.

* * *

LOLA

Ginger est morte la semaine dernière. Un lundi. Elle qui détestait tant ce jour, il le lui a bien rendu.

Elle a été victime d'un malaise sur scène lors de son audition. Gabe et moi, prévenus par Joannie, l'avons conduite à l'hôpital d'où elle n'est pas ressortie. Après des mois de lutte silencieuse et courageuse, la maladie l'a emportée. Elle était consciente par moments, mais très confuse et bien trop douloureuse. La décision a rapidement été prise de la placer sous coma artificiel.

Son médecin, d'abord furieuse contre nous et notre kidnapping « suicidaire » selon ses propres mots, s'est vite adoucie devant notre chagrin.

J'ai dû prévenir ceux qui comptaient pour elle et recueillir leurs condoléances alors que j'étais à peine capable de tenir debout. Gabe et Joannie se sont occupés de l'organisation de la cérémonie, des formalités administratives, de tout. C'était trop pour moi.

Je savais que ça allait arriver. Mais entre le savoir et y faire face, il y a un gouffre.

J'ai perdu ma meilleure amie. La personne qui me connaissait le mieux au monde. J'ai perdu ma béquille. Celle qui adoucissait ma vie d'anxieuse.

Joannie n'est jamais très loin. Elle m'ouvre ses bras et me laisse pleurer sans restriction. Garfunkel ne cesse de miauler, et Gabe semble malheureux, lui aussi. Tout ça lui rappelle ce qu'il a déjà perdu. Il est reparti hier pour l'Australie et les bushmen taiseux. Il m'a fait promettre d'aller chaque jour sur Union Square jouer une partie d'échecs avec un inconnu. C'est la meilleure façon de progresser, selon lui.

Ginger me manque au-delà de tout ce que je pouvais imaginer. Je donnerais n'importe quoi pour la voir débarquer sans prévenir, alors que rien ne m'angoisse plus que l'imprévu.

Je marche pendant des heures dans les rues de New York, seule le plus souvent. J'essaie d'évacuer ma peine, de ne pas laisser la mélancolie m'envahir. La ville répond présente et m'offre un festival de couleurs, de saveurs et d'odeurs. Il y a vraiment quelque chose de magique ici, une énergie qui emporte tout sur son passage.

* * *

La lettre est arrivée ce matin.
Cela fait maintenant un mois que Ginger est morte. Joannie n'aime pas ce terme, elle le trouve trop fort. Je n'aime pas les autres expressions, je les trouve trop faibles, trop mièvres. J'ai besoin de ressentir la morsure du mot dans ma chair. Comme pour m'obliger à me rappeler que, moi, je suis toujours vivante.

— C'est la réponse du casting ? me demande Joannie.
— Je crois, oui…

De son côté, elle a reçu une réponse positive il y a quelques jours de la part de celle qui est devenue son agent. Son premier grand rôle.

Les mains tremblantes, je décachète l'enveloppe et j'en sors le feuillet unique qu'elle contient. Les mots se mélangent devant mes yeux et je dois m'y reprendre à deux fois pour en capter le sens.

— Tu as réussi, Ginger ! je crie de toutes mes forces avant de laisser l'émotion me submerger. Tu as réussi !

« Madame,
Nous avons le plaisir de vous annoncer que vous avez été retenue pour jouer le rôle de Mrs Potts.

Votre prestation, à la fois sincère et engagée, nous a conquis.

Nous vous attendons pour les premières répétitions à partir du... »

— Épilogue —

LOLA

Jamais je n'ai vu Joannie dans un tel état de stress. C'est la première de *La Belle et la Bête* ce soir. Le rêve de sa vie est sur le point de se réaliser.

— Ce cadre est parfaitement droit et tu seras sublime ce soir.

— Quoi ?

— Je te disais de laisser ce pauvre cadre qui est tout à fait droit. Et tu n'as pas à t'inquiéter, tu seras sublime, ce soir. À la hauteur de ton immense talent.

— Et si je ne me souviens plus des paroles ? Et si je tombe ? *Oh my God*, j'ai une amie qui est tombée et tout le monde a ri !

— Tu ne vas pas tomber.

— Et si j'oublie les paroles ?

— Tu n'oublieras pas les paroles.

— Comment tu peux être sûre ?

— Parce que tu chantes même pendant que tu dors. Toutes les nuits.

— *I'm so sorry*... s'excuse-t-elle, soudain au bord des larmes.

— Hey, tout va bien se passer, tenté-je de la rassurer en la prenant dans mes bras avant de déposer un léger baiser sur ses lèvres.

Ça semble si simple à présent, si naturel. J'aime Joannie. Et il n'y a rien d'autre à ajouter. Nous vivons ensemble dans son appartement. Elle travaille dur pour devenir une grande chanteuse, je continue à traduire des romans. Deux soirs par semaine, je prends des cours de claquettes. Je suis incollable sur le nom des pas et régulièrement sollicitée par le professeur pour l'aider à élaborer ses chorégraphies.

Ma mère m'envoie toutes les semaines un mail sur les dangers de New York, concluant toujours par la même question : « Quand te décideras-tu à rentrer à la maison ? »

Si on m'avait dit que je me sentirais chez moi à New York, jamais je ne l'aurais cru. Et pourtant... Je ne me verrais plus vivre ailleurs. Parce qu'il y a Joannie, bien sûr, mais aussi parce que c'est ici que parfois, je sens sa présence. Celle de Ginger.

Je peux désormais parler d'elle sans m'effondrer. Je peux raconter à Joannie la femme extraordinaire qu'elle était sans hoqueter tous les trois mots. Penser à elle est moins douloureux.

* * *

Je rejoins ma place peu avant le lever du rideau.

— Tu as pu la voir ? me demande Gabe.

— Quelques secondes, oui. Elle est dans un état... J'ai essayé de la rassurer, mais sans succès. Tout ce qu'il lui faut maintenant, c'est monter sur scène et faire ce pour quoi elle travaille avec acharnement depuis des mois.

Des larmes jaillissent sans que je puisse les retenir.

— Toi aussi, tu penses à elle ?

— Comment faire autrement… J'aurais donné n'importe quoi pour qu'elle ait plus de temps. Elle aurait fait une Mrs Potts sensationnelle.

— C'est certain.

Cela fait quelques semaines que Gabe est rentré d'Australie. Ce n'est pas dans ses habitudes de rester aussi longtemps, m'a fait remarquer Joannie. Je crois que sa rencontre avec Michelle n'y est pas étrangère. On dirait que les quelques moments qu'il a passés avec Ginger ont eu un effet bénéfique et qu'il s'est réconcilié avec l'amour. Aimer c'est peut-être accepter de souffrir. Mais ne pas aimer, c'est mourir.

Les lumières de la salle s'éteignent et avec elles, le brouhaha des spectateurs. Les premières notes de musique retentissent avant que le rideau ne dévoile la scène. Joannie est assise sur le bord d'une fontaine, avec sa robe bleue et son tablier blanc, tenant entre les mains un livre. Elle chante son envie d'autre chose, sa passion pour les romans d'aventures. Elle est radieuse et mon cœur bat la chamade.

Je fredonne à voix basse les paroles que je connais moi aussi sur le bout des doigts.

Et puis soudain, je sens sa présence. Elle est là, à côté de moi. Je ne la vois pas, mais je sais que c'est elle. Ginger.

Ce soir aurait été son heure de gloire. Ce soir, elle aussi aurait brillé sur scène. Ma vue se brouille.

Tu me manques, Ginger. Tu me manques tant.

— Références des chansons citées —

« Les Rois du Monde », « Comment lui dire », « Aimer », *Roméo et Juliette : de la haine à l'amour*, G. Presgurvic, Mercury Records, Paris, 2001

« Make You Feel my Love », *Time Out of Mind*, B. Dylan, Columbia, New York, 1997

« Dieu que le monde est injuste », *Notre-Dame de Paris*, R. Cocciante, L. Plamondon, Columbia, Paris, 1998

« Le monde est stone », *Starmania ou la passion de Johnny Rockfort selon les évangiles télévisés*, M. Berger, L. Plamondon, Studio Gang, Paris, 1978

« Être noir », *Autant en emporte le vent*, G. Presgurvic, M6 Interactions, Paris, 2003

« L'Envie d'aimer », *Les Dix Commandements*, L. Florence, P. Guirao, Mercury Records, Universal, Paris, 2000

« On My Own », *Les Misérables*, A. Boublil, J.-M. Natel, H. Kretzmer, C.-M. Schönberg, Royal Shakespeare Company, Londres, 1985

New York, New York, F. Ebb, John KanderUnited Artists, New York, 1977

- « Memory », *Cats*, A. L. Webber, T. S. Eliot, T. Nunn, Columbia, New York, 1982
- « Do-Re-Mi », *The Sound of Music*, O. Hammerstein II, R. Rodgers, Broadway, New York, 1959
- « Hopelessly Devoted to You », *Grease*, J. Farrar, RSO, Londres, 1978
- « Hakuna Matata », *The Lion King*, E. John, T. Rice, Disney Theatrical Productions, New York, 1997
- « At the End of the Day, « I Dreamed a Dream », « Fantine's Death », « Master of the House », « Do you Hear the People Sing ? », « Epilogue », « One Day More », *Les Misérables*, A. Boublil, J.-M. Natel, H. Kretzmer, C.-M. Schönberg, Royal Shakespeare Company, Londres, 1985
- « L'Accordéoniste », M. Elmer, Technisonor, Paris, 1940
- « Something There », *The Beauty and The Beast*, H. Ashman, A. Menken, Disney Theatrical Productions, New York, 1993
- « Jet song », L. Bernstein S. Sondheim, *West Side Story*, Columbia Masterworks, New York, 1961
- « Cheek to Cheek », I. Berlin, Brunswick Records, New York, 1935
- « Don't Rain on my Parade », *Funny Girl*, B. Merrill, J. Styne, Capitol Records, Hollywood, 1964
- « I Could Have Danced All Night », *My Fair Lady*, A. J. Lerner, F. Loewe Columbia Records, New York, 1956
- « Be Our Guest », *The Beauty and The Beast*, H. Ashman, A. Menken, Disney Theatrical Productions, New York, 1993
- « A Piece of Sky », *Yentl*, A. M. Bergman, M. Legrand, Columbia Records, New York, 1983

— Remerciements —

Une idée de roman ce n'est souvent que quelques lignes griffonnées sur un carnet. Et avec elles, des envies, des sensations. Entre cette idée initiale et la réalisation finale, il peut se passer énormément de choses, au point même de faire disparaître ou presque le point de départ.

Et puis parfois, le résultat sonne exactement comme on l'avait pensé au début. Le roman produit est celui qu'on avait au fond de la tête et du cœur.

C'est le cas pour *Sur scène*. La première fois que j'ai relu le texte en entier, j'ai eu la chair de poule. Non pas parce que j'étais impressionnée par la plume de la romancière (un jour peut-être...), mais parce que j'avais écrit l'histoire que j'avais envie d'écrire, sans jamais m'en éloigner. Et c'est d'autant plus important qu'il y a beaucoup de moi et de mon univers dans ce roman. New York, les comédies musicales, le chant, l'anxiété, les choix de vie et l'amour qui surgit là où on ne l'attend pas...

Cela fait plusieurs semaines que je dois écrire ces remerciements, plusieurs semaines que je repousse, que je n'y arrive pas. Inutile d'être devin pour identifier la cause... À l'heure où j'écris ces mots, Florian Lafani est encore directeur de Fleuve Éditions pour deux jours seulement, c'est donc peut-être ma dernière occasion de le remercier. Et je veux faire ça bien. Aussi bien qu'il le mérite. Parce que jamais quelqu'un n'aura tant compté professionnellement pour moi. Je l'ai déjà dit des milliers de fois et je vais me répéter, mais je souhaite à chaque auteur ou autrice d'avoir un jour la chance de travailler avec un éditeur tel que lui.

Florian, cette aventure est d'autant plus belle que je l'ai partagée avec toi. Merci pour tout ce que tu m'as apporté et tout ce que tu m'as appris. Merci pour nos échanges sincères. Et par-dessus tout, merci de croire en moi, merci de penser que j'ai du talent, merci de m'avoir comprise et d'avoir défriché pour moi le chemin du succès. Il reste de la distance à parcourir mais grâce à toi, la route est bien plus lumineuse. Je te souhaite tout le bonheur que tu mérites.

À l'heure où j'écris ces mots... heureusement que je ne suis pas maquillée...

Vous le savez, la sortie d'un roman est le fruit d'un travail d'équipe, de personnes qui œuvrent ensemble, partagent la même passion et sans qui rien ne serait possible. Merci donc à toute l'équipe de Fleuve Éditions, mais aussi à celle de Pocket et de Lizzie qui toutes les trois travaillent sans relâche pour atteindre ce sommet qui me fait vibrer.

Merci aux représentants qui répandent la bonne parole, merci aux libraires et bibliothécaires qui la reçoivent et qui la diffusent.

Merci aux blogueurs, présents à chaque sortie, pour leur soutien sans faille, leur créativité, leur envie.

Merci à mes lecteurs chéris (oui, même à Lorelei... Ceux qui savent savent... 😊) d'être au rendez-vous. Merci pour votre bienveillance, votre amour, vos rires, vos larmes. Je prends tout. Absolument tout.

Merci à ma famille, à mes amis, à mes enfants.

Et merci, comme toujours, à l'homme de ma vie d'en faire partie. Il est le premier que j'ai appelé quand Florian m'a annoncé son départ. Il m'a dit que je n'avais pas d'autre choix que d'en faire une opportunité.

Il a raison, parce que c'est la philosophie de vie que j'essaie d'avoir, j'en fais la promesse.

Composition et mise en pages
Nord Compo à Villeneuve-d'Ascq

Imprimé en France par MAURY IMPRIMEUR
en mars 2025
N° d'impression : 283533

POCKET – 92, avenue de France, 75013 Paris

S34706/01